高校英语教学理论与实践

李小莉　著

延邊大學出版社

图书在版编目（CIP）数据

高校英语教学理论与实践 / 李小莉著. -- 延吉 :
延边大学出版社, 2021.10

ISBN 978-7-230-02130-2

Ⅰ. ①高… Ⅱ. ①李… Ⅲ. ①英语－教学研究－高等
学校 Ⅳ. ①H319.3

中国版本图书馆CIP数据核字(2021)第203561号

高校英语教学理论与实践

著　　者：李小莉
责任编辑：朴华英
封面设计：王　朗
出版发行：延边大学出版社
社　　址：吉林省延吉市公园路977号　　邮编：133002
网　　址：http://www.ydcbs.com
E-mail:ydcbs@ydcbs.com
电　　话：0433-2732435　　传真：0433-2732434
发行部电话：0433-2733056
印　　刷：北京市迪鑫印刷厂
开　　本：787毫米×1092 毫米　1/16
印　　张：10.25
字　　数：230千字
版　　次：2022年3月第1版
印　　次：2022年3月第1次印刷
ISBN 978-7-230-02130-2

定价：58.00元

前言

改革开放以来，我国逐步确立了走出去的发展战略，时至今日也在国际舞台上取得了相应的话语权。然而，与其他国家交流势必要运用英语这一国际通用语言，学好英语因此成为我国实行走出去战略的重要一步。作为国家未来的希望，高校学生承担着社会各方面的殷切期望，将来也会代表国家走出国门，所以让高校学生加强英语学习提高语言应用能力迫在眉睫，而改革高校英语教学则是实现这一目标的重要举措。教学改革既要考虑本国实际,也要借鉴国外一些成功的先进做法。

英语是国际通用语言之一,除了我国,其他非英语国家如果想要与其他国家交流,也会存在类似的问题。因此，我们广泛查阅了其他国家的一些英语教学改革的成功做法，发现在教学改革中将理论和实践相结合，可以取得令人满意的效果。它既是他国在英语教学上得出的成功经验，也是我国教育者不断探索得出的良方。理论与实践相结合的方法能够让学生在重视基础知识的基础上，加强语言实践，提高口语和写作能力。

我国教育事业有着悠久历史，然而由于一些原因，我国教育在教学方法上比较重视死记硬背，这一点也影响到英语教学。我国高校学生重视英语单词和语法的背诵，能够在应试考试中熟练运用；但是写作和口语交际能力相对薄弱。这种模式下培养出来的高校学生显然无法满足社会期望，也难以走出国门发挥所学。因此，界内尝试对英语教学进行改革。大家参考国际成功经验并结合国情提出了一个理念，即理论与实践相结合。许多人认为改革的重点在学生上，但实际上，教师也要重视理论与实践相结合。

高校学生在理论与实践相结合当中学习英语，能够切实提高他们对于英语这一语言的掌握力和感悟力，帮助他们将英语运用到实践中去。为此，教师在教学中应该认识到理论与实践相结合是时代发展的需要，也是教学改革和学生成长的需要。教师应该重视理论的基础性作用,合理选择实践方法,科学地将理论与实践搭配起来,这样才能正确发挥出理论结合实践对于高校英语教学改革的促进作用。

目录

第一章 高校英语教学的理论研究

第一节 高校英语教学现状

众所周知，高校英语教学承担着教书育人、开阔眼界的作用。但是高校中也存在部分教学难题，例如教学目的缺乏有效性，教学方式固定化，教学设计简单，教学指令不清，教学互动不足，终身学习和兴趣培养不足，师资力量参差不齐等。

一、高校英语教学现状

（一）教学目的缺乏有效性

就老师而言，师者，传道授业解惑也。老师作为英语教学的引路人，起着很重要的作用。在我国众多高校中，不难发现，英语教师经常会问一些通俗化的问题，或者学生直接能找到答案的问题。然而这些问题大多缺乏有效性和实证研究，以至于学生在盲目回答中空耗课堂教学时间。英语课堂上教学目的缺乏有效性，题设不明确，会使得教学主体和教学对象思维固化，甚至出现无效思维、乱序思维的情况。

（二）教学方式固定化

高校教学方案往往根据本校教学培养方案来制定，然而我国大多高校的培养方案每年甚至多年不更新。很多老教师经常沿用以往的教案甚至 PPT。固定的教学内容，能让教师自身发挥的少之又少。当然就学生而言，一方面，他们接受的教学内容是教师多年教学经验和知识精华的总结，只需要快速吸收即可掌握。另一方面，部分教学内容也与当今社会实际相脱节，学生不能明辨过时的糟粕，以至于不敢提出任何质疑。这种咀嚼式的教学看似对学生十分有利，但从长远来看，并无多大益处。学生丧失的批判性思维和理性思维难以弥补？

（三）教学设计简单

在高等院校教学中，经常看到这样的现象，教师利用翻转课堂以及探究式学习的方式来提高学生的独立思考能力和创新能力。然而就实践过程来看，大多数学生多停留在表面看热闹。这种做法一方面对教学内容缺乏“少而精”的提炼，另一方面折射出教学设计过于简单，缺乏可操作性的现状。笔者认为，教学设计尝试多样化，这是值得肯定的，但是或许有更好的教学设计来完善课堂教学。

（四）教学指令不清

在小组探究式学习中，常常看到很多学生不按照要求进行讨论，也不知道如何融入小组教学活动中去，导致个别学生无事可做，小组组长承担了小组探究的全部任务，成了探究的主体，其他学生则充当了教学的旁观者，造成课堂时间大量浪费，小组合作的学习方式没有真正做到高效、自主。

（五）教学互动不足

所谓高效教学课堂即为教学主体和教学对象共同参与，这也是我们经常提到的教学相长型师生互动关系。但是在高校英语教学中，教师通常在课堂上先入为主，以自我为中心，使得教学对象找不到与老师的契合点又或是互动点，达不到良好的互动效应。课堂教学中，英语教师经常向学生提问，然而学生一味地为了回答问题而回答问题，从而触碰不到师生良性互动的点，导致互动效应难以发挥。

（六）终身学习和兴趣培养不足

目前大多数高校将英语教学安排在大一和大二两个年级（英语专业除外）。这样很多大一、大二的学生学习英语仅为完成学业，大三、大四部分学有余力的学生，又无法继续深造，最终导致两极分化严重。学生兴趣难以培育和保持。

（七）师资力量参差不齐

不难发现，现在部分高校还面临着英语教师稀缺，部分外籍英语教师和骨干教师引进困难且流失严重的问题，使得高校内部英语教师整体师资力量薄弱。此外，还有部分高校英语教师多为本科、研究生学历，获取博士学位的占比屈指可数，师资力量参差不齐，不利于教学质量的提高。

二、高校英语教学对策与设想

（一）多措并举提升自身素质

英语作为一种基本素质和技能，长期被放在了专业人才综合素质培养的重要位置，因此，在实际生活中，高校英语教学的目的是培养学生英语综合应用能力，特别是听说能力，为今后的工作和社会交往打下坚实的基础，同时增强其自主学习能力，提高综合文化素养，以适应我国经济发展和国际交流的需要。我们应该更加注重和加强英语的学习实践能力，应该多开展一些可以让学生自发地学习英语的活动，例如英语角、英语活动周、外教交流等，积极组织各种英语竞赛活动。同时，教师要帮助学生树立终身学习英语的信念，帮助学生制订切实可行的学习计划，结合课堂教学有系统地介绍学习策略和技巧，创造条件实现师生之间的多渠道交流，激发学生学习的积极性与主动性，等等。当然，英语教学过程中也需要遵循一些教学原则，如因材施教，即在教学方法上随着学生个性的不同做出相应的改变。

（二）增强自主探究能力

当代大学生要不断增强自主学习的能力，完全靠教师的督促是不行的，这就需要学生用更加积极的心态去提高自身软实力；其次，教师要明确地告知学生高校英语的重要性，从而激励起学生的自觉性。这种社会紧迫性也可以使学生在不知不觉中形成一种自主学习的风气。

（三）立足本校实际

要结合本校实际情况，明确学校当前在高校英语教学中存在学生学习积极性不够强、学习氛围不够浓厚、教学资源不够丰富、教学改革力度不大、教学质量有待进一步提高等问题，从而认真进行整改，研究应对措施。

通过本节我们看到了目前高校英语教学还存在很多不足。高校教师现在要做的是努力完善自己，不断吸取先进教育理念，并将其与教学实践有机结合。英语教学是一项长期工程，我们要走的路还有很远。

第二节　高校英语教学的困境

当前，在全球化知识经济时代的大背景下，社会对个人知识、能力和素质有了更加全面的要求。大学承担着教书育人的重要任务，是学生系统掌握英语知识的关键时期，但从目前我国高校英语教学现状来看，很多高校仍然以应试教育为主，辅之以少量的实践教学，使得学生只会一味地被动获取知识，这种做法严重损伤了学生的自主学习意识和探究学习意识，一定程度上加重了学生的学业负担和心理负担。本节就高校英语教学所存在的诸多困扰进行探讨，旨在帮助学生养成良好的英语学习习惯，促进学生全面、均衡发展。

一、高校英语教学的困境

（一）“高投入，低产出”现象严重

“高投入，低产出”现象是制约我国英语教学发展的困境之一，主要表现在：中、高考阶段，英语作为一门通识课，受到所有教师和学生的重视。但到了大学之后，英语开始出现两极分化，即专业英语和公共英语，英语专业的学生能够继续深入钻研英语，而其他院系只开设两到三个学期的英语课，导致学生英语学习的纵深度不够。大学毕业后，英语能力较强的学生为数不多，从而出现了“高投入，低产出”的现象。除此之外，非英语专业院系对于学生英语能力的全面培养程度不够，忽略了学生英语听说能力的培养，造成应用型人才严重不足。

（二）学时与分级教学的再增加

从目前高校培养计划来看，每一届学生的学时数都较上一年度有所增加，这几乎成了我国所有高校的一个通病。不仅如此，各大高校越来越重视全国大学生英语四六级考试，甚至与学位证挂钩，将高中的应试教育继续延伸到大学，尽管许多高校大力推崇素质教育，但在实际上还是以分数“论英雄”。这不仅损害了学生的自信心，而且还损伤了学生的英语学习积极性。

（三）缺乏严谨的教学方法和教学管理制度

目前，众多高校的英语教学纯粹只是为了完成教学计划，对于学生的旷课、早退、玩手机等行为置之不理，临近期末考试，教师将考试内容甚至题目直接告诉学生，导致大部分学生的英语课变成了单纯地“混日子”，甚至一些学生的英语水平连英语四级程度都不能达到。除此之外，还有部分高校的英语教师让没有毕业的英语专业研究生代课。这些代课教师缺乏教学经验和相关的理论知识，导致高校整体英语教学水平下滑，英语教学管理制度成了一纸空文。

（四）网络语言的作祟

随着互联网时代的到来，大量的网络语言和流行语也随之出现，这给英语教学也带来一定影响，尤其是对于部分英语成绩不算好的学生来说，网络语言和流行语进一步影响了他们对英语准确度的认知。网络语言的肆虐带来的是教育质量的下滑，教育质量的下滑带来的是个人品质的下降。这种连锁反应往往是在人不自觉的状态下产生的。对于网络语言和流行语，如果不加以仔细辨别，很多学生极易误入“歧途”。这些都给高校英语教育的质量带来了很大的冲击，亟待改革。

（五）单纯进行知识传授，缺乏实践教学

我国目前的高校英语课，仅仅是简单的教室上课，与线下实践存在着不同程度的脱节。实际上，英语是一门非常重视实践的应用型学科，它的主要目的在于培养学生实际交流的能力，单纯采用灌输式的教学手段，是无法达到预期教学效果的。作为英语教学实践的主体，学生应多参加各种英语交流活动，但实际上这些英语交流活动往往只是流于形式，没有起到真正的作用。

二、提高高校英语教学质量的举措

（一）转变教师的教学思想

在终身教育背景下，英语四六级考试不是英语教学的终点。把分数作为衡量学生英语学习程度标准的思想是错误的。教师要处理好知识和素质两者之间的关系，注重夯实学生的基础，从而提高学生的综合素质。学校要注重学生英语应用能力的培养，最重要的是转变教师的教育理念，把英语听、说、读、写能力放到英语教学的关键位置，切实提高学生的综合运用能力。教师要不断更新教学思想和教学方法。从英语的应用程度来看，听说的应用率要高于读写的应用率，若在教学中单纯强调读写能力的培养，很容易造成学生知识的遗忘。因此，高校英语教学改革的重点必须放在提高学生英语听说能力的培养上。

（二）授课方法力求多元化

目前，各大高校教学方法单一，仍然沿用传统的授课方式，使得学生的思维固化严重。一味地"灌输式"教学，让学生感到枯燥无味，与高校提倡的"自由、独立"相违背，甚至很多学生认为，高校是高中教育的延伸，缺乏创新性。因此，高校要抓紧突破传统教学模式的瓶颈，采用多元化的授课方式，以提升学生的创新素质和创新能力。例如，采取小班教学，将班级人数控制在 30 人左右，从而让每一位教师都能根据学生的个人能力进行授课，同时辅之以灵活多变的教学手段。

（三）创造轻松的学习氛围

一项研究表明，学生在相对轻松的学习环境中，更容易学到知识，从而提高学生的自尊心和学习积极性，而相对压抑、紧张的学习环境往往不利于学生进行语言学习。因此，在教学过程中，教师要营造积极的学习氛围。如在学生尚未准备好的情况下，不要求学生回答问题；对于学生陈述的各种意见不要一味地纠错和改正，要看到学生创新能力的一面；在口语练习中，应给予学生适时的帮助。

（四）推动英语教学信息化、现代化

在网络环境下开展高校英语教学，对于推动教学资源重新组合，改善英语教学现状具有非常显著的意义。英语教师可以通过网络授课、微课堂等方式实现教学内容与现代信息技术的融合，让英语课不再枯燥乏味。除此之外，教师要结合教学实际，选择不同的教学内容，满足学生多样化的学习需求，优化网络教学。高校教师还要不断学习新的知识，使教学内容在课件、微课制作上更有创意，从而促进英语教学质量的提升。

第三节　高校英语教学的发展

我国高校英语教学已经经历了数十载的发展，并在不断优化、创新和改革中探索出了一条适合国人的英语学习之路，取得了显著的成果。新时期、新环境下，社会对于人才英语素质的要求逐步提高，而这对于高校英语教学来说既是一场机遇，又是一场挑战。如何有效发展并融合将成为当前高校英语教学的重要突破方向。在这条探索之路上，英语需要克服传统教育的束缚，并不断创新以满足当前社会、学生的全方位需求，彰显高校教学大胆改革的精神，传递新时代高校科学育人的理念。对英语教学各个环节进行深入探索，并从发展与融合的思路出发进行延伸，挖掘英语教学的真谛，将是高校英语教学改革的重要突破口。

高校英语教学作为素质教育的重要一环，其作用不言而喻。随着时代的发展，英语教育的功能性与实用性也发生了诸多变化，高校在不断探索、发展中挖掘英语教育的价值，并将其作为高校教育改革的重要突破口，能够帮助学生更好地发展。高校英语教学从无到有、从理论到实践是一个漫长的过程。从最初一小批教育工作者到当前的众多教育工作者，中国的高等英语教育走过了一段艰辛的岁月。但是高等英语教育始终坚持以发展为中心的教学理念，在改革和创新中不断融合，探索出了一条适合国人发展的英语学习之路，最大限度地实现了英语教学的价值，为社会培养了一大批高素质的英语人才。不过随着时代的发展，社会各方面对于英语人才的要求发生了变化，高校在英语教育的探索中也受到了各方因素的限制，遇到了不少问题，如英语教学质量下降、学生口语能力偏弱等，这些都是当前英语教育需要克服的问题，因此这里就对高校英语教学的发展与融合进行分析，以促进当前高校英语教育的发展。

一、高校英语教育发展研究

（一）大学英语四六级教育的发展与探索

这几年随着经济全球化的快速发展，整个社会对于英语人才的要求发生了改变，英语应用能力逐步成为人才考核的重要标准，而最直接、有效的体现就是英语等级考试。这几年我国英语教育大胆改革创新，而其中大学四六级就是改革创新的重点。改革是为了更好地适应社会发展，突出教育的意义，适应人才的选拔要求，因此改革是发展的源动力，把握人才培养目标将是实现英语教育价值的根本途径。在英语四六级等级考试还未改革前，英语教育质量难以得到有效提升，束缚了学生的创造、创新能力，难以发挥英语的实用价值。而到了 2006 年，我国重新颁布了新的高校英语四六级考试要求，对后续英语教育有了很大提升，并在社会取得了良好反响与积极的评价。

总体来说，四六级的改革主要体现在以下几方面：首先是评分机制的创新，由以往满分 100 分改为了满分 710 分。而考试结果也不再发放试卷，而是以成绩单的形式进行分数说明。其次是考试内容的创新，这次分数调整变化很大，相应的题型变动也增多，最直观的体现就是分数增加，考试内容也增多，并且难度也有所提升。其中，加大了英语听力题型的比重，还加入了短文听写的内容。总体而言，听力部分相较而言增加了百分之十五，而阅读部分的比重则有所下降，由原来的百分之四十下降到百分之三十五。此外，试卷中额外增加了综合测试内容，不过写作部分没有发生变化，所占比例为百分之十五。从中也不难发现，英语四六级的考试要求在不断提高，难度也在加大，并且更加侧重英语能力的综合性考核。而这次改革也成为高校英语教学的重要参考依据，有助于进一步推动高校英语口语教学，强化了学生对于英语的兴趣。

（二）英语教学辅助工具的创新

就目前来看，我国英语教育方式多种多样，并且多样化的教育方式也伴随着多样化的教育辅助工具。随着英语教育的不断发展，英语教育辅助工具也在不断更新与丰富。而这些辅助工具的出现也成为学生学习英语知识的重要突破口，越来越多的科研机构花费大量财力、物力去研发英语教育辅助工具，提高学生的学习效率。而当前最典型的英语教学辅助工具要属多媒体设备，它是信息化发展的产物，是众多英语教学思想、方式的融合体，因此多媒体教学也是当前英语教育中不可缺少的一环，随着信息化的到来，其地位也越发凸显。目前，传统的纸质教辅工具逐步让位于网络等新型教辅工具，而当前的英语教育也朝着信息化、多元化方向发展。英语教育将不再受限于纸质书籍，教师可以从多种途径进行英语教学，如多媒体技术教学、手机移动端教学，甚至基于网络信息化平台开展英语教学。不过，教学辅助工具的出现很容易导致教学内容脱离实际教学大纲，而这也是当前英语教学改革探索之路上所需要解决的一个问题。

二、高校英语教学发展与融合要求分析

（一）需要专业化的师资力量

近几年，我国高等教育取得了突飞猛进的发展，同时高校招生规模也不断扩大。而招生规模的不断扩大，给当前高校资源配置也带来了严峻的考验，其中对高校英语师资力量和水平也提出了更高的要求。新的发展形势对高校英语教师提出了如下要求：首先，高校教师数量必须满足学校教学要求；其次，教师应具备熟练的专业化水平，能够对学生进行科学合理的培养；最后，教师应能够适应现代化发展，不断提高自身教育水准，能够满足当前学生英语学习的各项需求。不过就目前的情况来看，很多高校并不能达到这些要求，不仅数量上不满足，在教学水平上，很多教师的专业素养也有待提高，因此发展专业化的教师团队将成为英语教育改革发展的一个重点。

（二）满足社会经济发展需求

社会的发展对于人才的选拔有着直接性影响，而这也将成为高校英语教育改革的重要参考依据。因此，高校在不断推进教育改革的同时，还要满足社会经济发展的需求。英语教育要与社会发展相联系，突出英语教育的重要功能，才可以促进学生全面化发展。透过当前的人才选拔市场发现，英语素质已经成为人才选拔的一个重要标准，越来越多的企业需要具备较高英语专业能力的人才，来促进企业全球化发展战略的实现。因此，高校需要面对社会实际需求，适应社会发展趋势，并在英语教学方式、教学内容上进行创新，逐步实现高校英语教学的发展与融合。

三、高校英语教学发展与融合的新思路研究

（一）不断优化教学模式，并强化英语侧重点

在目前高等英语教育中，很多高校以培养学生的阅读能力为中心，而忽略了对学生英语综合能力的培养。不难发现，很多高校英语教学权重是根据英语四六级标准而定的，在四六级英语考试中，阅读能力的考核比重最大，很多教师就认为阅读能力决定考试的结果，所以越来越多的高校教师将重心放在阅读训练和阅读理解上，以提高学生的考试通过率。不过2006年以后，四六级考试中阅读权重下降，听力比重大幅上升。因此新形势下，教师应该将综合能力训练放在首位，在日常教学中对学生的听说读写

能力进行培养，并注重实践，通过日常语言交流来提高学生的听说读写能力，促进学生更好地发展。

（二）优化教学环境并积极推广信息化教学

传统英语教学已经不能满足当前高校英语教学需求，其教学效率低，而且学生将更多的心思放在书本和记录笔记上，不利于学生思考与探索，因此为顺应信息时代的发展，教师应该积极引入信息化的教育手段，提高英语课堂氛围，促进学生更好地学习。当下信息多媒体技术已经运用到了教学的各个场景，因此在开展高等英语教育时，就需要多多利用多媒体资源，突出多媒体教育的优势，如利用多媒体技术，融合视频、声音、动画、测试等多个功能，为学生创造良好的学习环境，提高学生的学习兴趣，强化学生的学习效率。除此之外，很多高校开通了超星网络课堂等信息化平台，因此借助手机端app、电脑网站以及其他信息化设备，学生也可以足不出户接受英语教育，提高英语学习效果。

（三）建立科学、标准化的师资教育团队

教师力量是高校教育改革发展的重点，因此只有在具备良好师资力量的条件下才可以充分发挥英语教育的功能，促进学生综合发展。在当前高校英语教育改革中，英语教师除了需要具备专业化的英语能力与经验，还需要具备综合性能力，包括信息化能力、创新创造能力等。教师在师德、政治理念上也应该有出色的表现，具备良好的责任心，发挥积极的带头作用，不断吸取新的教育教学理念，扩充自身能力，提高自身教育水准。因此，高校在构建科学、优良的教师团队时，也应该给教师创造更多提升自我的条件，如安排英语教师出席专业性讲座、会议，同时指定资深教师对年轻一代教师进行传、帮、带的指导，提高教师教学水平，发挥高校共同教育、共同发展的理念，进而提高整体师资力量水准，帮助学生更好地发展。

第四节 高校英语文化教学

目前，高校英语教学过程中存在着文化内容教学缺失的现象，而且这种情况越来越普遍。这种缺失表现为停留在语言表面上的文化教学，而不能从真正意义上来实现语言是文化的载体这一基本理念。事实上，如果教师不能很好地掌握文化背景等相关知识，是不能真正教好语言的，也无法真正达到实现语言教学与文化教学相结合的目的。

一、英语教学中文化教学的重要性

对语言学习过程中文化教学重要性的探讨,历代语言学家的看法基本一致。20 世纪 20 年代,美国语言学家 Sapir 指出:语言需要一个环境,它不能脱离社会传承下来的传统和信念,不能脱离文化而存在。因此,如果想要语言表达适当,就一定要对文化背景知识有所了解,语言及其应用本身是无法脱离文化背景而独立存在的。语言是民族文化的表现与载体,其运用方式集中展现了本民族的文化特征,因而如果不了解该民族的文化,也就无法切实学好该民族的语言。我们应当充分意识到这一点,在外语教学中不仅要介绍语言知识及带领学生进行各项技能训练,而且要把这种训练植入文化教学的大背景中去,使学生能够真正掌握涵盖文化的语言语用能力。

(一)文化的一般内涵

文化的概念是比较广泛的,泛指在社会历史发展历程中一个国家和民族所创造的物质文明及其精神文明的总和。针对英语教学的具体内容来说,文化也可以具体指英语国家的风土人情、文学艺术、历史人文、传统习俗、生活方式、地理风貌、行为规范和价值观念,涵盖面很丰富。

(二)英语教学的本质

英语教学不应该是单纯语言知识的教授,它还应当包括文化知识的传播。越来越多的人已经意识到,交际能力不仅包括听、说、读、写能力,还应当包括和不同文化背景下的人进行得体交际的社会能力,这就要求学生真正了解所学语言的英语国家文化,这样才能更好地应用和理解语言所涉及的背景知识。

(三)语言与文化的关系

学习语言的人都知道,语言和文化是分不开的,语言是文化的载体,文化是语言的根基,只有依托相应的文化背景知识才能够顺利地进行语言交流,才能更好地提升自身的语言应用能力。

二、英语教学中文化教学的内容

在英语教学中如何让学生通过西方文化的学习来活用语言是当下英语教学的一大难题。英语教学过程中嵌入文化教学所包含的具体内容主要有四个方面。

(一)文化因素

跨文化交际中的社会准则是指人们在交际过程中必须要遵循的规则及某些特定

的风俗习惯，例如相互之间的称呼、初次见面打招呼、彼此的问候、道歉及打电话等规范用语，还有中国人的整合思维与欧美人的归纳式思维等思维特征。如果能充分了解这些的差异和表达习惯，学习者的跨文化交际会变得更加顺畅、得体。

（二）文化知识

在了解西方文化时不应仅局限于文化因素方面的学习，还要不断扩大知识面，多层次、多角度了解目的语国家的经济、政治等内容。因此，教者应当在教学过程中打破常规，不拘泥于手中的教材，为学生补充大量的阅读素材或书目。学生应深入了解这些文化知识，扩大自己的知识范围，这样不但能培养其辩证思维以及拓宽他们的国际化视野，而且能有效地促进他们的语言习得。英语教学过程中教师还可以指导学生多阅读跟文化相关的通俗读物。

（三）词语的文化内涵

学好英语的一大难题是掌握词语背后的文化含义，很多熟知的词语放到句子中后就不能很好地理解它的真正含义了。因此，无论是教者还是习者在英语教学或学习中都应当了解词语、词组的文化内涵，同时也应了解表现特定文化内容的成语、习惯用语等。

（四）话语及语篇的文化差异

英语交流过程中需要格外注意文化差异，不管是话题的选择、语法的选择还是话语的组织，应尽量使用安全范围内的话题，避免谈论政治话题、涉及宗教信仰的话题，应了解国外的禁忌语。此外还要了解一些诸如手势、姿势、体态等非语言形式的文化背景知识，这些也是英语学习中需要注意的重要方面，如果掌握得比较好，会使语言交际更加有效。在英语教学过程中教者同样可以选择一些介绍这些文化背景的材料供学习的人来学习。

三、当前各大高校在英语教学中的文化教学现状及缺失

（一）师资结构不合理，教师文化素养薄弱

当前高校还是注重语言知识的传授，跨文化方面的教学力量相对薄弱。高校教师队伍两极分化现象比较严重，一方面高校用高薪聘请重点院校的老教授和兼职教师，另一方面高校刚刚毕业的年轻专职教师居多。第一种教师一直沿袭着以往传统的教育方式，第二种教师教学经验不足，两者文化素养都相对薄弱。语言类教者的文化素养潜移默化地影响着学生，其与学生对目的语的兴趣、知识的把握及综合性发展息息

相关。两极分化，学校缺乏统一的教学理念，使得当下英语教师在整体上都存在知识结构的缺陷，因其本身文化素养不高，所以很难将目的语的文化意识、文学修养融进课堂教学。尽管教者已经意识到了文化意识、文化素养对教学乃至学习者的重要性，但自身缺乏文化综合素养，学校又缺少创造培训学习的良好环境，最终导致心有余而力不足。

（二）选用的教材没有结合文化背景知识

我国高校选用的教材并不统一，现有教材普遍存在以下问题：落后的知识，偏难的练习，没有从学生的实际需求出发等。如果教材没有纳入异域文化因素，而简单地将语法、词汇等知识机械地向学习者灌输，对学习者以后的国际沟通交流没有任何益处。目前我国高校的英语教材普遍存在语言与文化割裂的现象，很少能够如实反映异域文化背景、人文素养、风土人情等文化因素，单纯为了教授语言而设置语言，从而造成教学效果不佳的后果。

（三）教学方法更新慢、陈旧，教学手段仍然比较落后

英语为基础学科，各个专业都有所涉及，因而英语教师课时多，教学任务重，这导致了教师在教学上面的时间和精力很紧，无力去进修和专研教学方法。现在大多数英语教师依然沿袭着传统的说教式教学法，该方法严重束缚了学习者语言能力的发展。英语教学本应是语言互动教学，现在的学生更加喜欢多元化的教学方法，在应试化教学依旧盛行的情况下，教师却忽视了新媒体的运用，其教学方式陈旧落后，对文化意识渗透更是少之又少。学生文化素养长期得不到相应的培养，导致了学生学习兴趣受到一定的抑制。

（四）学校对英语课程的定位太低，教学结构不合理

在课程设置上，非英语专业学生居多的高校对英语教学重视度不高，对英语中加入文化教学的重要性更是体会不到。英语教学本身是语言教学，需要学习者多读、多练，教者要为学生多营造适宜的语言学习氛围，而不应仅偏重于语法知识、词汇等常规性内容的讲授，例如在词汇的学习中融入情境式教学，效果会比较理想。因此，在英语教学中教者应逐步引导学习者多学习习俗、节日、社交礼仪等异域文化要素，不断地培养学习者英语学习的兴趣。

四、英语教学中的文化教学策略

（一）加强教师文化意识培养和对文化的理解

当前对英语教师的要求是树立正确文化观，教学过程中有效纳入文化因素，将跨文化知识渗透到书本中，进而实现教学目标。将英语课程进行准确定位，自身文化素养的提升并不是教者的最终目的，自身素质提升的本质是将文化信息正确地传递给学生，所以在教学中必须有针对地进行计划和组织来提升英语文化教学质量。在教学中应注重多方互动，在课上可以进行分组，确定各组的文化主题，由各组协作搜集资料，最后进行汇报，各组之间可以展开评比，这样通过合作与良性竞争不断提高学生学习语言的积极性，并以此提升学习者的文化素养。教师在教学内容中应多加入历史人物、典故习俗、电影等文化要素，通过适当引导、打破传统的教学方式，整合多方资源，有计划开展英语文化教学。教师在授课过程中可以有意识地加强中西方文化的对比，引导学生通过分析文化差异来了解历史背景和文化背景的异同，从而提高学生的跨文化交际意识。只有先从教师的文化意识培养做起，才能促进学生文化意识的改观。

（二）针对教材缺陷，改进课程内容

在文化教学中应尽可能广泛多样地贯彻文化导入教学，才能有益于学生形成文化概念。在教材的选择上应当慎之又慎，顾全大局，最大限度减少教育不公。在指导学生学习时有针对性地帮助学生理解深层次的文化现象，合理地筛选教学内容。可以先了解当地文化，筛选教材，也可以组织相应的英语研讨，对教材内容进行整合和编辑，改进教学内容，采用有效的教学方法将文化教学内容纳入到课本中，最后进行融合和改编。在教材内容的整合上教师需要有所取舍，比如选取同时代的中外作者的文章或者观点，引导学生进行观察和思考，深入了解两种文化的差异，然后以小组或者个人作业的形式加深学生的印象，帮助他们分析教材，整合资源。

（三）整合教学资源，改进教学手段

现如今已经是网络多媒体时代了，我们可以充分利用网络技术，方便灵活地实施文化教学。通过互联网为学生创造与英语国家的人进行交流学习的机会；利用投影仪可以为学习者展示直观信息，通过影视艺术的赏析既可以提升学生口语水平，又可使学生对异域文化的历史等有一个深刻清晰的感知。另外可组织英语角，为学生多方位创造交流学习的机会，在交流过程中不断提升自身的文化素养。学生同时可以帮助外教了解中国文化，形成互助，这样既可以传播本土文化又能学习异域文化，提高学生的口语水平和交际能力。

（四）扭转教学偏重，巧用文化导入

教师可以利用文化专题讲座针对某一文化现象、文化知识展开讲述，在专题讲座中，教师可将自身的学习经历加入其中。文化专题讲座可以有效整合分离的信息，及时发现学生的学习兴趣所在，也在一定程度上很好地满足不同学生对知识的渴求。另外，也可以开展文化沙龙，在交流中，学生间、师生间、教师间知识不断碰撞，这样更有利于打破传统窠臼，激发学生的创造性思维。

高校英语教学应该高度重视文化教学，以语言教学为基础，采用语言与文化相结合的教学方式，只有这样才能更好地推动英语教学改革，提高学生的文化素养，满足学生跨文化交流的需求，最终达到英语交流目的，也只有这样才能真正有效地发挥英语教学的积极作用。

第五节　中西方文化差异与高校英语教学

中国与西方国家由于历史背景不同，两者在文化、语言等多方面存在差异，并对高校英语教学质量造成一定影响。因此，高校英语教师应对中西方文化差异有合理性认知。本文通过对比中西方文化的主要差异，提出相关高校英语教学中存在的问题，并给予解决策略。

一、中西方语言文化的结构差异体现

（一）语言中的词文化差异

中西方文化差异在词文化方面的体现尤为明显，西方国家普遍将词语进行抽象化处理，一个词语可以表达多种不同意思。同时，词语与词语之间的不同组合又可以产生差异性概念。例如，英文中 set 一词共有五十种意思，有多个词性，主要含义包括：不及物动词，出发、凝结、落山；名词，一套、一副、一打、一批、集合、电视、布景；及物动词，放置、设置、安置、餐具摆放、使处于某种状态；形容词，位于哪里、固定的、顽固的、安排好的等。如 They ate everything that was set in front of them，表示他们把放在面前的东西都吃光了；The government has set strict limits on public spending this year，表示今年政府对公共开支规定了严格的限额；What books have been set (=are to be studied) for the English course，表示英语课布置需要那些书籍；Matt looked at Hugh and saw the stubbornness in the set of his shoulders，表示孩子们花在看电视上的时间

太多了。由此可见，西方国家词文化力求词语表达的含义数量、种类最大化。而在我国则完全不同，汉语词文化是以对事物具体的描述表达抽象的概念，大量词组由两个及以上的汉字组成，这些汉字差异性组合方式表达不同或相近的具体意思，此外，汉语中存在同义词。

（二）语法结构存在差异

语法结构在一定程度上体现出差异性，在英语中，语法结构普遍较为严谨，为使语句意思表达更为准确，时常将一个句子附加多个连接词和从句，我国高校学生在英语学习的过程中，由于英语与汉语语法结构的不同，学生难以对此类型语句有实质性理解。而在汉语中，连接词和从句较少，例如，“大明水军大败葡萄牙水军”，西方人对此类语句难以理解，在翻译的过程中存在两种翻译情况。一是 The Ming Navy defeated the Portuguese Navy，其汉语意义是大明水军打败了葡萄牙水军。二是 The Ming navy was defeated by the Portuguese navy，意为大明水军被葡萄牙水军打败了。由此可见，汉语语句在表达具体意义时，需结合内容前因后果，而英语可更为精准地表达出语句的具体意思。

（三）语篇结构存在差异

西方人在日常生活和文章中，语篇结构多以突出主题、开门见山为主，听众及阅读者在听取谈话或阅读文章时，简单理解前几句便可大致猜测出谈话者的意图或文章的中心思想。而汉语无论是在文章方面，还是在人与人的日常沟通交流方面，受传统文化影响较深，普遍以比较委婉的方式由浅至深地引入正题。例如，在我国古代文言文、诗词中，多数作者从中心思想边缘面逐步进入正题，围绕中心思想进行相关描述，语篇结构一环扣一环。对于此类语篇结构西方人难以理解，同时这也是西方人认为汉语极难掌握的一个重要因素。

二、中西方语言文化的应用差异

（一）中西方文化在见面问候与道别方面存在差异

中国人与西方人在语言习惯上存在的差异较大。首先，道别与问候是最为常见的沟通交流内容。中国人在见面问候时常说：“干吗去？”“从哪里来？”“你吃饭了吗？”道别语句也大致相同，多为“再见”“走好”“慢走”等。而西方人问候普遍采用“It’s going well.”“I’m doing well.”或是“Hi!”“What’s new.”，在正式场合常用“How are you ?”“Good morning.”等，不同于中国人的疑问句式的打招呼方式，西方人不会问对方将要做什么或做过什么，西方人将此类问法视为侵犯自身隐私的行为，是对自己的不尊重，是西方人极少用的不礼貌行为。在道别时，以美国为代表的西方人一般用“Have fun”“See you”“Bye”等结束语，而不会用类似中国人说的“慢走”“走好”一类的话。

（二）中西方文化在个人隐私询问方面存在差异

中国人在沟通交流过程中，时常会询问对方年龄、收入和行为等，此类问题在中国人的意识里极为正常，交流双方均会乐于分享上述信息。然而在西方，不管是与相对熟悉的人交流，还是与陌生人交流，这种问题是对对方的不尊重。尤其在询问女性年龄方面，西方人极其避讳，是西方人认为的极其不礼貌的行为。因此，在人教版初中英文教材中，李雷问 Lucy“how old are you”时，Lucy 回答说“It is a secret”。

三、我国高校英语教学存在的问题

（一）英语教学模式过于单一

我国高校在英语教学的过程中，过于依赖教材内容和教师个人能力，强调语言学习的统一性，忽略学生对英语知识内容的理解和实践。英语课堂普遍将教师作为教学主体，将教材作为教学中心。灌输式和死记硬背的英语教学方式对高校学生影响极大，即英语教师在课堂上不停地讲解英语语法知识、考点难点等，并在课下强制性要求学生背诵成百上千的英文单词。这导致学生的学习任务量巨大，学习质量和学习效率不高。同时，在英语教学过程中，教师与学生之间缺乏应有的沟通交流和互动。

（二）学生英语学习缺乏实践机会

高校的教育目标是为社会培养优质的综合型应用人才。部分学生在用英语与他人交流时过于害羞，难以提高英语实际应用能力，口语水平进步缓慢。部分高校学生在长期以来的生活中养成内向的性格和较为低调的个性，与西方国家的外向、开朗、活泼、张扬的自我个性特点相比，我国高校学生在与人交流的过程中时常使自身处于被动地位，不敢说、不想说，这也成为学生英语口语练习中的一个严重问题。

四、基于中西方文化差异我国高校英语教学创新策略

（一）为学生树立良好的跨文化英语交际意识

虽然我国大部分公办本科类高校均有留学生教育，但留学生部与常规学生部相对独立，中国学生与留学生接触较少，导致学生难以在真实生活中获得与英语国家友人交流的机会。即使中国学生在校园里与外国学生相遇，由于内敛的性格，时常不好意

思开口，学生英语学习得不到良好的实践练习，这也是造成学生英语应用水平较低的一个重要原因。在中西方文化差异的视角下，高校英语教师应将跨文化交际与实际英语教学紧密结合。首先，高校英语教师在教学的过程中，应引导学生了解中西方文化差异，并对学生进行较为详细的西方文化教育，使学生对西方文化有一个细致、精准的理解，避免学生对中国文化与西方文化产生理解误区。其次，教师应为学生提供充足的英语实践机会，并在实践教学的过程中以文化教育为核心，积极引导学生树立强大的自信心，使学生转变思维，在英语交流的过程中产生敢说、想说的思想意识。最后，教师应积极学习西方先进文化知识，以自身为表率，为学生塑造良好的学习榜样。

（二）丰富英语教学模式，为学生营造良好的学习氛围

枯燥无味、过于单一的英语教学模式难以激发学生的学习兴趣，学生自我思考能力与主观能动性难以发挥，最终导致学生学习积极性不高。此外，高校英语教学的主要目的是提升学生英语交流中的英语语言的实际应用能力，但传统英语教学模式只注重语法教学、单词教学和考点难点教学，对学生英语口语能力的要求极少，导致部分英语成绩优异的学生难以将英语技能良好地应用到现实交流中。

现阶段，英语教学模式单一是我国高校英语教学中普遍存在的一个问题，高校英语教师应采取相应的改进措施。一方面，提高学生英语阅读能力。学生通过大量英语资料的阅读不但可以提高自身的英语阅读理解能力和口语水平，还可以在阅读过程中接受西方文化的熏陶，学习西方文化的精髓。另一方面，教师应营造良好的英语学习氛围，积极开展英语课外活动。同时加强中外人文领域知识的教育，使学生感受跨文化知识的魅力，在长期的人文教育中接受中西方文化的熏陶。将学生从课堂带向社会，扩展学生的文化视野，开拓学生的英语学习思维，使学生形成良好的英语交际能力和表达能力。

综上所述，在人际交往方面，中国学生性格内敛，缺乏自我实践意识。高校英语教师应以学生为中心，总结中西方思想文化、语言文化优劣，为学生树立强大的自信心。同时改善现有的英语教学模式，创新教学内容，进而促进高校英语教学稳步发展的最终目标。

第六节　社会语言学与高校英语教学

语言作为人类交往的工具，不仅承载着文化信息，而且与社会结构和社会行为规

范息息相关。学习语言离不开文化和社会因素，所以要搞好高校的英语教学必须在了解中西方文化差异的基础上，结合社会语境来进行教学，才能够培养学生的交际能力和综合素质，达到培养合格的外语人才的目标。

一、社会语言学相关理论

社会语言学于20世纪中叶诞生于美国，是一门与社会学、人类学、教育学、心理学等学科交汇形成的学科，是“研究社会与语言之间共变现象的一门学科”。语言学家弗格森明确指出，语言的运用与社会行为规范和社会结构之间存在着有规律的联系。从小学开始，学生就开始学习英语的语音、单词、语法及其他英语知识，但只是在脱离社会语言背景下学习英语的运用规则，结果可能是在与外国人交流的时候产生各种误解或者使用语言不当。有一种说法“One culture’s meat is another culture’s poison（萝卜白菜各有所爱）”，学习一种语言，仅学习语言知识是不够的，还应该了解该语言的文化、价值观和思维方式等等。

高校英语教学中可以应用到的社会语言学的相关理论和知识有：海姆斯的交际能力理论，卡内尔和斯威恩的后续发展理论，英语性别歧视现象，称呼语研究的理论，禁忌语等等。海姆斯提出的交际能力包括四个方面：语法的正确性、语言的可行性、语言的得体性和语言的现实性。海姆斯交际能力的理论引发了教育学家和语言学家的探讨，并提出了一系列相关的理论，比如提出了新的教学方法交际法。卡内尔和斯威恩对交际能力进行了深度概括，他们认为交际能力包括四个方面：

（1）语法能力，指具有表达和理解话语字面意义的能力，包括语法、词汇、语音知识，类似于中国中学英语课堂传授的英语语言知识。

（2）社交语言能力，指在交际场合对交际语境的了解，包括角色关系、交际目的等。

（3）语篇能力，涉及语篇中语句间的衔接和连贯，以及意义在语篇整体中的呈现方式。

（4）策略能力，包括语言交际的各种应对手段和交际策略，运用所学的英语知识结合社交语境进行社交。

卡内尔和斯威恩对交际能力的概括更具体，更有方向性，所以适合应用于高校英语教学中，以培养学生这四个方面的能力。高校英语专业学生开设的课程中，语音课、精读课、泛读课、语法课、听力课都有利于积累基础的英语语言知识，进一步提高学生在中学时期构建的语法能力，形成对英语语篇分析理解的能力；而外教口语课、翻译课、英美国家概况、语言学课程有利于社交语言能力、策略能力的培养，但只依靠这些课程来提高社交语言能力、策略能力还不够，高校应该开设更多的相关课程来促进学生自主学习、自主提高。

英语和汉语中都存在性别歧视现象，高校英语专业人才中女性占据着很大的比例，学习语言的性别歧视现象，对了解中西方的文化、促进语言改革都有重大意义。美国人能在5分钟内从使用正式称呼语转变到使用非正式称呼语，并且西方社会使用的称呼语类型与中国的使用情况有很大出入，英语专业的学生应该有所了解，才能够入乡随俗。

英语的禁忌语多与个人隐私、生理相关，不了解西方的禁忌语，会给对方留下不好的印象，让对方感到不快。高校中的英语专业人才一部分会从事涉外事业，相当一部分人才会从事中学的英语教学工作，只有加强对高校英语专业人才的培养，才有可能提高下一代学生的英语水平，从而促进我国英语教育事业的发展。

二、社会语言学与英语教学

（一）培养交际能力，避免社交尴尬

社会语言学注重语言的社会属性，英语教学中应该教会学生根据社交的背景，选择合适的语场、语式和语旨，并且尽量融入对方的文化氛围之中，用对方的思维方式来交往。用本民族的方式来和对方交往，往往会产生不愉快的沟通。如：

丽莎是美国一所大学的老师，小李是她的中国学生。有一天丽莎邀请小李和其他同学去她家玩。丽莎的行程安排是这样的：通过邮件告诉小李来参加聚会；在学生们到达之前准备完毕；迎接学生（开门、表示欢迎、帮他们放好衣物、提供饮料和零食、让他们感到轻松愉快）；上菜（汤、主菜、甜食）；饭后娱乐活动；送学生们回家。丽莎规划得很好，但是当天晚上，她唯一的中国学生让她有些失望。

Lisa:(Open the door) Oh, Li, How nice you could come!

Li: It's not difficult to find your house.

Lisa: Come in, please!

(Li comes in)

Lisa: Can I take your coat?

Li: No, thanks.

Lisa: OK, this way please.

(Li takes off her coat and hangs it)

丽莎感到受伤和被排斥了，因为她的学生没有让她挂衣服，而选择自己挂衣服。按照她的规划，作为主人，她应该为她的客人挂衣服。但是，小李作为一名中国学生，

在她的眼里丽莎是她的老师，是她的长辈，应该尊敬长辈而不应该在小事上劳烦长辈。小李作为出国留学的大学生，她的语法能力肯定没有问题，而是社交语言能力和社交策略能力出现了问题。在老师的家里和在学校里是不同的语言环境，应该分别对待。当她注意丽莎老师失望的表情或者语气时应该有所行动，来缓和气氛，让老师感到没有被排斥，只是表达尊敬而已。

（二）提高语言觉悟，抵制语言性别歧视

汉语和英语中都有性别歧视现象。英语中女性字词通常带有贬义的色彩，男性字词通常带有褒义的色彩。在实际中应该运用中性词时，通常把男性作为中性的原型。在语序上，男性在前而女性在后。比如：master（男主人）和 mistress（女主人）已经发展成截然不同意义的词汇了，master 现在最常用的意思是大师、硕士、主人，而 mistress 是情妇、主妇。He 或者 Man 用来泛指人。最有说服力的就是，在西方大部分的女人嫁人后要将自己的家族姓氏改为丈夫的姓氏。Mr.（先生）是对一位男子的尊称，Mrs.（太太）则是对一位男子的妻子的尊称，女人的地位依附于男人的地位。

语言是反映社会现实的最好例证，从语言可以看出男女地位不平等，女性地位低下、权力有限，女性语体是弱势群体使用的语言。但是近几年，社会建构论的学者认为，人在一生中不断进入新的社团，参与新的社会实践活动，他（她）必须通过不断地调整自己的行为使其适应所属社团的要求，从而形成自己的性别特征，正是人们从事的社会实践活动造就了人的性别特征。这就意味着女性群体在社会团体中，要不断自我建构女性语体，实现社会眼中的从女孩到女人的转变，变成符合社会定义的“女人”。因此，作为英语语言的使用者，英语专业学生应该有语言歧视的意识和觉醒，语言歧视现象是可以通过改革而改善甚至改变的，纵观几十年西方妇女运动、女性主义思潮的成果，出现了 Ms.（女士）、spokeswoman（女发言人，原词 spokesman）、chairperson（主席，原词 chairman）等词汇并且已经被新闻媒介采用。英语教师在高校英语教学中应该学习社会语言学知识，使用规范的英语词汇，不使用有性别歧视的词语和语句，同时教导自己的学生也这样做，并树立起反对压制女性社会地位、争取女性合法权益的意识。

（三）适当使用称呼语，注重社交礼仪

称呼语作为社交礼仪的一部分，包含了一定的社会功能和社会意义。影响称呼语的选择因素有年龄、地位、职业、亲疏等等。英语和汉语的称呼语有很大区别，在应用方面不尽相同，汉语称呼语系统较为复杂，英语称呼语系统又有它自身独特的使用规范。英语姓名结构与中国的姓名结构不同，表现为：本人名＋中间名＋家姓，并且本

人名字有三种形式：全称、简称、爱称。在相互称呼时，又有许多与中文不同的用法，表现为以下几种类型：头衔 + 姓、Mr.+ 姓、Mrs.+ 姓、Miss+ 姓、亲属称谓 + 名等。高校英语专业学生应该注意恰当地使用英语称呼语，提高自身的英语专业素质。

在我国的英语课上，大部分学生向老师打招呼用“Good morning/Good afternoon/Goodbye, teacher”，实际上 teacher 表征的是“老师”这个职业，而不能用作称呼语来称呼老师，同样道理的还有 architect 和 engineer，等等。在学校中，中国的学生和老师的社会距离较大，而西方国家的学生和老师的社会距离较小。行政职位影响中国学生对老师的称呼，而学术头衔较大程度地影响西方国家学生对老师的称呼。在和外国人交流时，不能用本族习惯称呼语来称呼对方，比如小李、老王，如果套用汉语模式就会显得不伦不类。

高校英语教学中，教师应注重称呼语的教学。应结合社交语境，让学生使用准确的称呼语，增强学生汉英称呼语差异的意识和敏感度，让学生认识到中西方文化和价值观的差异。要教会学生在西方对待上级和长辈时，不要战战兢兢，要用最自然的称呼语，不要让对方感到不舒服。

（四）避免使用禁忌语，尊重他国文化

禁忌语体现一个民族独有的心理与文化，由阶级因素或其他历史原因而产生。汉语和英语中都有禁忌语，英语专业的学生应该平等、客观地看待英语中的禁忌语，尊重其他国家的信仰。

英语中的禁忌语多与个人隐私、生理和死亡相关。比如：13 这个数字和星期五被西方人忌讳，是因为《圣经》中记载，犹大将耶稣出卖，而他就是最后的晚餐上的第 13 个人；还有一种原因是人们认为每月的 13 号，12 个巫婆都要举行庆典，而第 13 个到来的就是魔鬼撒旦，给人们带来不幸。所以重大的活动都不在 13 号举行，欧美的门牌号、车号等等都不用 13 这个数字。据说耶稣是在星期五这一天被钉死的；又有种说法，亚当和夏娃在伊甸园偷吃禁果是在星期五，他们的儿子该隐也是在星期五杀死了他的弟弟亚伯。西方国家的人都会有意识避开使用和生理有关的禁忌语，比如他们称公鸡为 roster；鸡胸脯为 white meat。

高校英语教学中，老师应该传授相应的知识和文化含义，并通过多媒体的方式告诉学生怎么样用委婉语来代替禁忌语，而不应该觉得太过敏感而回避禁忌语，应该让学生了解真实的语言交际是什么样的，而不是创造一个远离实际的语境来学习外语。

社会语言学摆脱英语学习的死板模式，从社会文化角度赋予语言更多的内涵，更加注重培养学生的交际能力，让学生意识到会说英语和说好英语是不同的。本节中所

谈到的交际能力、称呼语、禁忌语、语言的性别歧视等内容，只是用来举例论证社会语言学对高校英语教学的借鉴意义，社会语言学中还有许多理论值得吸收和引荐。高校英语教学任重道远，应该结合社会语言学的相关理论，提高学生的文化意识和语言敏感度，从实际出发培养合格的外语人才。

第七节　人文教育与高校英语教学

英语是一门语言学科，承载着丰富的历史文化和人文气息。它是一门将人文气息与教学工具相结合的学科。随着我国新课程改革的贯彻和实施，将人文教育有效地融入高校英语教学已经成为一种时代潮流。将人文教育渗透到高校英语教学过程当中也符合英语教学的发展需要，不仅可以丰富课堂教学内容，还可以培养学生良好的人文修养。因此，本节就人文教育与高校英语教学进行深入研究和科学探讨，重点阐述人文教育与高校英语教学相结合的必要性，并提出有效融合人文教育与高校英语教学的策略，以期为广大高校英语教师提供教学帮助和教学经验，以此促进我国英语教育事业的健康发展。

人文教育又被人们称为人性教育，一般是指对受教育者进行的一种旨在促进其人性境界提升、理想人格塑造以及个人与社会价值实现的教育，其实质是人性教育，其核心是涵养和充实人文精神。而将人文教育渗透到高校英语教学过程中，不仅可以丰富课堂教学内容，还可以使学生具备良好的人文修养。因此，高校英语教师应当积极地将人文教育与英语教学有效融合起来。一直以来，英语教学的中心都在于教授语言和培养交际能力，受考试指挥棒的影响，其成为一门纯粹的应试科目，很少有人将它当作是人文教育学科。而我们现在要做的就是将高校英语作为人文学科的功能开发出来。对于如何加强高校人文教育这一问题，很多专家都给出了意见，但是有很多内容与我国的实际情况并不符合，要实施起来也比较困难。因此，应该根据我国当前的实际教学情况，尤其是针对外语教学的特点，提出具有较强操作性的方法，同时英语教师要多用心，采取能付诸实施的对策，从而提高英语教学水平。

一、将人文教育与高校英语教学结合的必要性

高校英语学习不仅是一种技能性的语言学习，更是一种文化性体悟学习。正如王守仁教授所说的，英语是人文学科的一支，英语语言、文化、文学是英语学习的基本要素。文化是语言的内容，语言是文化的载体，文化融于语言中。高校英语课程蕴含的

人文教育资源极其丰富,具有得天独厚的进行人文素质教育的条件。为满足市场经济发展的需要,人文素质教育成为高校英语教学中提高学生的思想道德素质以及科学文化素质的一个重要手段,并且它也是一项长期的全方位的教育教学观念。

雅斯贝尔斯曾经说过:“教育是人的灵魂的教育,而非理智知识和认识的堆积。”从这个意义上说,教育的重要本质特征就是它的人文性,人文教育是不可以从教育中包括大学教育中抽出的,人文教育在大学教育中具有重要的基础性地位。因此,在高校英语教学过程中有效渗透人文教育是非常有必要的。

对人文教育加强重视是社会发展的必然需求。当前社会的快速发展,对人才水平的要求也越来越高,在很大程度上有效改善了以往只注重专业技能水平,不注重职业素养的状况。当下,越来越重视人的自身素质的提高,与此同时,越来越青睐人性的闪光点与负责任、阳光积极的态度。网络时代下,人文教育的呼声日渐高涨,而那些具有较高专业水平但人格恶劣的恶性人才终将被淘汰。在这一形势的要求下,有必要去改变当前高校的教育模式,将道德修养、人文教育方面的内容加入到原有的教学当中。

加强人文教育不仅对学生个人产生深远影响,也会对社会产生巨大影响。加强人文教育的重视程度是社会发展的需求,也符合我国新课程改革的教学要求。随着我国新课程改革和素质教育的贯彻落实,人们对于日常教学有了更高的要求,转变了以往的教学观念,开始注重人文精神的培养,正因为如此,人们不断地呼吁加强人文教育。当前的高校英语教学模式必须与时俱进,在原有的英语教学基础之上,有效融合人文教育,让英语教学成为人文教育的载体,也让人文教育为英语教学提供更多的精神和底蕴,使人文教育与英语教学有机统一。

加强人文教育是当前教育事业改革发展的必然要求。在社会发展进程中,我国教育事业逐渐偏离了本该达到的目标,在发展中逐渐迷失了方向。教育事业的专业化要求,致使我国教育事业存在一个问题,即注重对学生传递知识和进行专业技能培训,并且在人才培养体系中充满目的性与功利性。“让人变成更好的人”是教学的本质目的,但是当前教育只是侧重于对学生的“大脑”“身体”的教育,而对学生“内心”及“灵魂”的教育则不重视。我们在曾经的教育中经常会犯一些“高分低能”的培养错误,而在当前教育中培养的学生却是“高能低德”的。在整个英语教学过程中,对人的知识技能教育以及品质道德教育应该是双管齐下的。与此同时,教育本身的属性是将品质道德教育作为其基础与核心。在教育改革的过程中,重点是促进学生的全面发展,由此也能提高人文教育的重要性。

人文教育的提出体现了高校英语教学边界的扩充。社会发展中,边界扩充已成为一个热词。概括来说，也可以将边界扩充理解为服务范围与数量的不断扩大，自身内涵的提升，比如，卖鞋的可以将卖袜子、卖鞋垫、旧物处理等其他服务加入进去。在教学过程中就体现为语文教学中提倡将传统文化教育融入其中。人文教育与英语教学二者融合也体现出同样的道理，实现二者的有机融合，其基础是人文教育能为英语教育提供精神内涵与底蕴，英语教学又为实现人文教育提供了必要载体，这二者之间是互相促进的关系。

二、人文教育与高校英语教学相结合的实施策略

在高校英语教学过程中有效渗透人文教学是非常有必要的，这符合英语教学的发展需求，不仅可以丰富课堂教学内容，激发学生的学习热情，还可以培养学生具有良好的人文修养。笔者经过深入研究和科学探讨，提出将人文教育与高校英语教学相结合的实施策略。

（一）树立良好的人文教育观

在高校英语教学中渗透人文教育，就必须更新传统的人文教育观念，并树立良好的人文教育观。而树立良好的人文教育观，可以从学校、教师、学校组织三个方面进行。首先，学校要转变教学理念，在英语教学中应当更加注重人文教育的渗透，对学生进行人文精神的熏陶，积极营造富有人文气息的教学环境。其次，教师要充分发挥辅助作用，从实际教学出发，逐渐培养学生养成良好的人文修养。最后，学校的各种社团组织，应当发挥带头作用，向学生传播更多的人文精神，以此潜移默化地将人文教育渗透到高校英语教学中。

（二）提高教师的人文素养

教师的人文素养决定着学生人文素养的养成，教师在课堂教学中的定位非常重要，教师既是人文文化的传播者，又是人文氛围的营造者，因此教师在培养学生人文素养方面发挥着重要作用。如果想要在高校英语教学过程中融合人文教育，就需要提高教师的人文素养，只有教师不断地增强自身的人文素养，才能提高自己的人文魅力，实现言传身教，才可以培养学生养成良好的人文修养。要改变教师的观念，让教师用自己的人格魅力去影响学生的态度及思想。教师在教学过程中，既要培养学生的语言技能和交际能力，又要向学生讲授道德伦理观念。因此，英语教师课程讲授目标就不能仅仅局限于讲授英语课文中所出现的语言点、语法以及进行听说训练，更要注重向学生传授课文中所包含的人文知识，这样才能使学生对课文中所包含的道理有更深刻的理解，他们在做其他训练时就会有感而发，也可使学生听说写的能力全面提高。

（三）从教材中挖掘人文教育

英语作为一门实用性很强的学科，它具有较浓的人文气息，使学生能够感受到不同国家的人文历史和人文精神。而当前高校英语教材所涉及的内容很广泛，包含多个国家的文化、历史以及生活习惯等，这些内容丰富的英语教材资源蕴含着许多人文情怀。因此，英语教师要以英语教材为基础，熟练地掌握教材内容，对教材中的人文因素进行提炼，以多元化的教学方式，将教材内容与人文教育相结合，激发学生的学习兴趣，不断地让学生接受人文精神的熏陶，加深学生对人文精神的认识，让学生在实际生活中根据人文精神的要求来约束自己，时刻以人文精神塑造自己的人格。

（四）培养学生的人文修养

学生是教学的主体，因此在教学过程中应突出学生的主体地位，以学生的身心健康为基础，潜移默化地指导学生建立人文精神体系，逐步培养学生的人文修养。在英语教学过程中，应让学生对人文精神有一定程度的了解和掌握，完成量变到质变的过程。与此同时，可以采用多媒体教学手段，这样不仅能够突出学生的主体地位，不断地拓宽学生的人文视野，加强学生人文修养的培养，还可以让学生通过多媒体去接触不同国家的人文历史和人文精神，让学生在网络环境中提升人文修养。目前，有很多学生对输出性训练都不重视，只将学习重点放在词汇背诵和阅读上，出现这一现象的主要原因就在于他们“腹中无物”。这一问题在修改学生作文时暴露无遗。学生之所以写不好作文，是因为他们不知道要写什么，只是围绕着一两个观点反复论述。不仅如此，他们对很多事物没有自己的思考与认知，这就要求教师在提高自身人文素养的同时也要不断提高学生的人文修养，帮助他们对事物形成独特的认识，并且有自己的观点。从教育的整体目标来看，这比让学生多背 100 个单词更重要一些。因此，教师应该先认识到这一点，才能将其体现在教学中。

（五）根据课本内容给学生补充相关的人文观念和内容

在备课时，教师要深入挖掘教材，不能浪费这些良好的人文教育素材。英语教师要让学生明白学习不是一件轻松的事，但是只要足够努力，那么就能从中感受到无法比拟的快乐，而我们做任何事情都是这样的道理。在教师这样的教育引导下，学生对学习英语有捷径的看法将逐步得到改变。目前，有很多学生都心存侥幸，希望能通过某种所谓的方法达到 1 个月背诵 1 千个单词，4 个月能考过四级，半年就能将英语说得顶呱呱的目标。而事实上，这些都是一些夸大宣传的广告，违背了学习的认知规律，对学生是无益的。所以，教师要让学生认识到那些所谓的英语学习捷径是不正确的，必须要引导他们采取正确的学习方法。当听到某些流行的说法或者是一些被鼓吹的观点,应该先自己动一下脑筋,有自己的看法和对事物的认识,不能跟风,人云亦云,这才是大学生应具备的素质。

（六）引导学生建立人文精神体系

从某种层面上看，人的价值观体系与人文精神体系是一致的。人文教育的主要目的是让学生形成正确的人文精神体系，用来指导实际生活中的自身实践活动，使自己变得更优秀。形成人文精神体系是人文教育的终极目标，也是学生了解和认识人文精神后，完成量变到质变的完整过程，是人文学习的最终成果。但是在当前的人文教育过程中也有诸多问题存在，尽管学生了解了人文精神，但实质上并没有形成一个切实的、深刻的人文精神概念，在实际生活中无法运用人文精神。也有一些学生已经充分认识理解了人文精神，但并没有触及人文精神的实质。为此，教师应将自身的引导作用充分发挥出来，帮助学生整理与归纳所学到的人文知识，最终形成一个完整的构架体系,使学生能够将人文精神运用到实际生活中去,真正发挥人文教育的应有作用。

总而言之,英语是一门语言范畴的学科,它承载着丰富的历史文化和人文气息,是一门集人文气息和交流工具于一体的学科。人文教育与高校英语教学的融合是时代的潮流,也符合我国高等教育发展的需要。因此,高校应当树立良好的人文教育观,营造良好的人文教育氛围。高校英语教师要积极提升自身的人文素养，从英语教材中挖掘人文教育资源，要积极将人文教育渗透进高校英语课堂教学的过程中，以此丰富英语教学内容,提高教学质量,促进学生英语学习能力的提高,增强学生的人文素养。此外，人文教育是市场经济发展的需要。在高校英语教学中实施人文教育是学生的科学文化素质及思想道德素质提高的一个重要手段，也是一项长期的全方位的教育教学观念。教师在课堂教学中，可以渗透一些有关文化素质教育的内容，并在整个过程中贯穿人文精神和科学精神的内容,实现教书育人这一目标,确保学生在学好英语的同时,自身的文化素质也得到提高。

第二章 高校英语学科教学模式

教学模式的研究、建构和应用一直为教学理论界和教师所推崇。教学模式是教学理论的具体化，它源于理论，又源于实践；它使教学理论实践化，又使教学实践概念化；它是理论的存在，又是实践的存在。因此，它使教育和教学理论指导教学实践成为可能，两者互动变得必要，也成为必然。英语教学也不例外，模式化是任何学科学习的本质属性，也是学科教学的基本特点。

第一节 高校英语教学模式概述

教学模式是以教学思想、教学理论为依据而构建起来的模型或范式，典型的模式有夸美纽斯的“观察—记忆—理解—练习”模式，赫尔巴特的“明了—联想—系统—方法”模式，杜威的“发现问题—提出假设—做出推论—验证假设”模式，布鲁姆的掌握学习模式等。我国教学模式的研究开始于20世纪80年代中期。教学模式研究主要涉及：教学模式本质的界定和教学模式建构理论的研究。因为研究者研究视野的多维性，教学模式概念的界定呈现出多样性。钟启泉认为，教学模式是能够用于构成课程和课业、选择教材、提示教师在课堂或其他场合教学的一种计划或范型，它具有简约性、理论性和相对稳定性的特点。而顾明远则认为，教学模式是反映特定教学理论逻辑轮廓，为实现某种教学任务的相对稳定而具体的教学活动机构。

一、国内英语教学模式研究

中国外语教学理论界对教学模式的理解主要有以下几种：“对一个系统或理论构成因素的框架式描绘。”“教学模式是有理论支持的教学活动的操作框架。它可能根据一定的教学理论而建成，也可由概括实践经验来形成。”“对语言教学理论或/和英语教学过程各主要因素本质及其相互关系等的形象性表述。”而肖礼全则根据教学模式在实际应用中的表现形式分为抽象和具体两种意义。所谓抽象意义是“指较为系统的教学理论、方法和观点，或带有规律性的、有相对固定的方法、步骤、活动的教学实践”；具体意义是“指用图形、表格、线条等对教学相关因素及其关系进行的框架式的、概念式的描述”。

近几年来，高校英语教学界一直在探索一条适合中国国情的教学模式。比如，王才仁提出了一种意在中国适用的英语教学交际模式，该模式“不仅把整个英语教学过程看作交际过程，而且把每一步也看成是交际；整个教学是师生之间的交际的反复循环”。该模式的核心原则是交际，交际是教师与学生之间的纽带，语言的输入与输出都通过交际来实现。该模式吸收了西方第二语言习得理论成果，在“准备—过程—结果”的基础上发展成“输入—加工—输出”的学生语言输出流程。该模式强调交际的互动性和情景性。在该模式中，英语教学内容是语言信息、语用信息和文化信息，语言形式被看作是“为实现意义转换的工具”。在英语教育史上这无疑是一大进步，但是在学生语言输入的正确、得体和流利性方面该模式关注得不够。肖礼全在对20世纪下半叶以来中外四种教学模式评述的基础上，构建了一个“以中国国情为依据，以亿万中国人学习英语为目的”的中国英语教学宏观模式（也叫中国流）。该模式由教学环境、教学主体、教学过程、教学结果四个板块组成。它体现出很强的时代性，如教学过程分为实体和虚拟双轨。它吸收了先进的教学理论，该模式把教师和学生都看成是教学的主体，并提倡自主学习和任务型教学等新理念。但是作为一个宏观模式，它必须非常简洁明了，否则它无法涵盖“亿万中国人”的亿万种学习方式。该模式力图做到全面，但太全面了难于突出其重点或个性，反而易于失去自身存在的价值。

对教学模式本质的界定除了概念界定之外，还包括对教学模式层次的界定。在现代英语教学中，可以发现三种层次的模式：宏观模式（英语教学过程模式）、中观模式（大纲设计模式）和微观模式（课堂教学模式）。英语单词 approach、method 和 technique 分别具有宏观、中观和微观三个层面的意义。

近十年来随着课程改革的不断深入，我国教师、学者以及研究生在英语教学模式方面的研究取得了可喜的成绩。他们对模式的研究涵盖小学、初中、高中和大学等层面，如小学英语自律课堂教学模式、初中英语互动教学模式、高中英语逆向教学模式、三位一体高校英语整体教学模式；他们还从教学方法视角摸索教学模式，如“输入—输出平衡”英语教学模式、“四段式”英语教学模式、提纲式英语教学模式、封闭式英语教学模式等；教学方法方面主要集中在“互动”“合作”“任务”“创新”等视角，如“互动”英语教学模式、自主—交互式英语教学模式、任务型教学模式、“探究合作创新”英语教学模式等等。此外，在英语阅读方面也总结了许多教学模式，如“问题式”英语阅读教学模式、英语阅读教学中的“交流—互动”模式、英语语篇教学模式等。

针对以上我国英语教学模式建构的现状，我们可以发现我国当前英语教学模式的研究基本上是零散式的，但是在总体上模式构建的视角有以下四个：①理论说——教学模式是从教学实践中形成的一种设计和组织教学的理论，并以简约的形式表达出来；②结构说——教学模式是在一定教学思想或理论指导下建立起来的各种类型教学活动的基本结构或框架；③程序说——教学模式是在一定教学思想指导下建立起来的完成所提出教学任务的比较稳固的教学程序及其实施方法的策略体系；④方法说——常规的教学方法俗称小方法，教学模式为大方法。英语教学模式的发展趋势具有三个主要特点：①由关注“教”的教学模式向关注“学”的模式转化；②在模式构建中越来越体现出多门学科知识的整合性特征；③模式研究的理论不断深入和实验研究逐步成熟。

在中学英语课堂教学中，我们很难发现某位教师采用了某种教学模式，但是可以发现五种程序设计常式，它们分别是翻译式、听说式、答疑式、网络式和交际式。翻译式是指在教学过程中，依靠母语系统讲授教学内容，熟悉课文，掌握语法规则和一定量的词汇。听说式强调用有限数量的句型来描写无限数量的句子，把英语学习过程看成是养成习惯的过程。答疑式是指教师对学生学习中提出的问题进行分类处理，讲课时围绕学生提出的共同性的、关键性的问题进行多角度、多层次的讲解或组织学生讨论。网络式要求教师和学生共同归纳选择具有共性且富有意义的知识点，让学生通过联想把新旧信息编织起来，形成合理的知识结构。交际式是指教师选择一个功能意念项目，并设置一定的信息沟，使学生为获取所需信息而进行模拟的交往过程。在实际的英语教学过程中，没有哪一节课可以说是用了某种纯粹的教学模式。只有根据教学的实际需要和实际情况，从整体的角度出发来把握英语教学模式，融会贯通地理解和运用多样化的英语教学程序，创造性地组织教学，灵活巧妙地衔接各个教学环节，才能符合教学的动态性与复杂性的要求。

在我国，外语教学界也曾引进国外优秀的教学模式加以实践。20 世纪 80 年代，浙江大学开展了以德国“柏林模式”为基础的教学实验，取得了丰硕的成果。柏林模式由德国保罗·海曼于 1962 年首先提出。该模式提出了影响教学过程的四个基本因素和两个先决条件，即意向、课题、方法和媒介因素，人类心理条件和社会文化条件。前四种因素属于决定范畴，后两种属于条件范畴，所有这些构成了每一种课堂教学的基本框架。模式可以用结构图表示。该结构是多元互动的、相互关联的、开放的、不断自我完善的结构。其最大的优势在于它提出了两个先决条件，将对“此时此境中的人”的透彻理解作为教学的前奏。正确的定位，再加上课堂教学过程中四个基本因素的充分考虑，教学过程本身体现了教学效果。模式结构图清晰明了，充满了智慧，容易被一线教师理解和接受。该模式自 20 世纪 70 年代后一直是柏林基本的教学模式，并且也是柏林教师培训班的必修课。许多德国教育教学第一线的工作者都以它为基础来进行教学设计。之后，该教学设计思想又被广泛地应用于日本、韩国、巴西、蒙古等非德语国家的外语教学及其他学科的教学。

二、国外英语教学模式研究

在国外，语言学研究起步较早，已经建立起一套完整的语言学习理论。外国语言专家在对英语作为母语进行深入研究的基础上，将其中的一些理论迁移到 TOEFL 教学模式的探讨中，并总结了七种主要的英语教学模式。这七种模式在英语全球扩张的进程中迅速为各国英语教学研究者和实施者所接受。这七种模式分别为：

（一）克拉申模式

该模式由克拉申（S.D.Krashen）创建，主要描写二语习得过程。该模式的基本思想可以概括为：二语能力是在较低的情感过滤条件下，通过足量的可理解输入，是以可预测的顺序习得的。

（二）贝立斯托模式

该模式由贝立斯托（E.Bialystok）创建，主要说明在形成外语能力过程中的三个层次及其有关因素的作用和组成方式。这一模式特别强调外语能力形成过程中形式和功能练习的作用，强调其他学科知识和文化因素对外语知识吸收的促进作用。

（三）斯特恩模式

该模式由斯特恩创建，它确定了外语学习的五个要素及其内在关系。这一模式的特点是在强调外语学习的元认知策略的同时，也特别指出学生本身的心理特质和身处的社会环境等外部因素的影响。五个要素分别为社会背景、学习者特点、学习条件、学习过程和学习结果。社会背景包括社会语言、社会文化和社会经济因素；学习者特点包括学习者年龄、认知特点、情感特点和个性特点；学习条件是指课堂教学和自然接触；学习过程强调学习策略、技巧和大脑活动。

（四）艾伦·毫沃特模式

该模式由艾伦·毫沃特（Allen Howard）创建，它是一个多中心模式。根据交际的话题、题目或任务制定外语教学大纲，并采用 F.S.E. 三角形学习模式。（F 代表 functional practice；S 代表 structure practice；E 代表 experiment practice）。这种模式强调功能和结构分析，对我国的中学英语功能意念大纲的制定具有指导意义。此外，它首次提出任务型教学的概念，为后来任务型教学模式的建立奠定了基础。

（五）坎特林模式

该模式由坎特林（C.N.Candlin）创建，它把学习外语看作是语言形式、概念意义和人际关系的三个知识体系的结合。这种模式认为外语学习的实质是在人际交往过程之中语言概念的形成和正确语言形式的固化过程，它十分强调语言使用的正确性。

（六）哈伯德模式

该模式由哈伯德（C.R.Hubbard）创建，它是一种学习外语的交际模式，要求在客观的环境中进行愉快的交往。这一模式强调语言学习中的交际性，也就是信息差。它认为没有信息差就不可能有语言交际，没有实际的语言交际，也就谈不上真正意义上的外语学习。它实质上是我国交际模式的范例。这一模式是 ARC 三角形模式，A（affinity）表示亲近力，R（reality）表示现实的意义，C（communication）表示交际的意义。

（七）蒂东尼模式

该模式为蒂东尼（R.Titone）所创，它是力图吸收其他模式之长的一种综合模式。它既借鉴了克拉申模式的情感策略，又借用了斯特恩模式中的社会影响因素，更贯彻了哈伯德模式的交际性原则。我国现代中学英语教学模式中的折中法就起源于此。

以上是针对国内外教学模式，尤其是英语教学模式研究的概述，而接下来将以模式的内涵特征为线索分别展开讨论，主要有结构和认知取向的英语教学模式、功能取向的英语教学模式、任务取向的英语教学模式、社会文化互动取向的英语教学模式和全语教学模式等。在这些模式中，任务取向的英语教学模式和社会文化互动取向的英语教学模式在某种意义上说也可以归属到功能取向的英语教学模式，为了凸显它们的主要特征有意独立开来。下面将逐一进行讨论。

第二节　结构和认知取向的英语教学模式

结构和认知取向的英语教学模式是分别依据结构语言学教学观和认知心理学理论而建构的。结构主义语言学认为，语言的结构是内部各个层次有意义的对立体系。掌握语言就是掌握语音、语法、词汇的各种有意义的对立体系。比如，语音中的开、闭音节与长、短元音，语法中的过去、现在、将来时态，所以，掌握语言的过程，充满了对比这种对立关系的活动。同时，由于不同语言的对立体系并不相同，要明确所学外语中的那些对立体系对学生来说特别困难，因此必须通过与本族语的对比。这类教学模式具有理性主义教学观点，重视语言知识和利用学生的本族语等特征。认知心理学和认知语言学认为，语言能力是个体一般认知能力的一部分。认知法在教学过程中提倡发挥学生的智力作用，重视对语言规则的理解，而忽视语言学习中的情感因素。两种取向的教学模式中较为典型的教学法包括直接法、听说法、翻译法和认知法。

一、直接法

直接法诞生于19世纪末和20世纪初。欧洲和北美等地加速了工业化的进程，国际交往日益频繁，各国对外语人才的需求量迅速增长。人们发现外语人才的口头表达能力特别重要，而语法翻译法恰恰就不注重学生的口头能力培养，因此，在语言学领域内出现了改革运动，其中以英国语言学家斯威特（H.Sweet）为代表的改革派强调口语和语音训练的重要性，推动了外语教学改革。直接法由法国人古因（Gouin）提出，后由他的弟子索斯（Sauze）在美国倡导，并由教育家伯利兹（Berlitz）在教学中实施。由于他们的推广，20世纪初直接法流传颇广。

直接法的许多教学理念是与语法翻译法相对的，如：前者重视口语训练，用演绎法传授语法规则，采用母语解释难点等；而后者却重视阅读和写作能力的培养，用归纳法传授语法规则，课堂上拒绝使用母语等。直接法的教学内容基本上是关注语言的句法结构，即以句型作为教学的基本单位，并且以模仿为主要手段，基于这两个原则，直接法也是以语言的结构为基础的。

二、听说法

听说法被认为是结构取向的模式之一，它比直接法更为成熟。因为从英语名称来看，听说法（the Audio-lingual Approach）选了 Approach（路径）而不是直接法中的 Method（方法）。这说明“无论在理论基础、体系还是方法方面，听说法都较直接法更为系统和全面，内涵也比后者丰富得多”。

听说法继承了直接法的四个特点：口语第一，听说领先；变换操练；严格控制，养成语言习惯；限制使用本族语，课堂教学运用目的语内对比。它本身的创新只有两点：以句型为教材和操练的核心；用对比作为以所学外语进行类推和回避学习难点的基本方法。一般来说，听说具有三个特点：听说领先、句型操练和对比。

听说法的发展促进了布龙菲尔德教学法的不断完善，使之逐渐演化成为相对规范的五段教学：认知（recognition）；模仿（imitation）；重复（repetition）；变换（variation）；

选择(selection)。认知是指对所学句型耳听会意，一般采用外语本身相同或不同的对比，使学生从对比中了解新句型或话语；模仿包括跟读、齐读、抽读、纠错、改正；重复环节包括检查、让学生重复模仿的材料、做各种记忆性练习，同时教师要进行检查，当确信学生已能正确理解朗诵所学句型之后，才能进行下一段的变换活动；变换即替换操练，应按替换、转换、扩展三步逐渐加大难度，同时要注意学生的理解情况；替换分单项替换和多项替换，转换包括含义转换、结构转换和增减句子要素，比如主动句变为被动句，陈述句变为疑问句等，扩展包括前置修饰扩展和后置修饰扩展；选择是指在实际交际和模拟情景中对所学语言材料进行活用。

早期的听说法注重机械操练，可是到了20世纪60年代后，机械操练受到了批评，一些应用语言学家开始改进听说法，使操练朝着有意义和有利于实际交际的方向发展。其中最具代表性的是波尔斯顿(C.B.Paulston)提出的“MMC”法，第一个M是指机械操练(mechanical drills)，第二个M是指有意义操练(meaningful exercise)，C是指交际性活动(communicative activities)。这三个步骤是递进式的，早期先进行机械操练，然后进行有意义的练习，要求教师给出结合学生生活的情景，让学生在规定的情景中做语言操练；在第三步骤的交际活动中，可请以英语为本族语的人来交谈，要求学生在交谈中尽量用所学语言结构等。

三、翻译法

翻译法的形成与发展与语言认知有直接关系，它起源于中世纪，经过了语法翻译法、词汇翻译法和自觉对比法，再发展到认知法，在历史上历时最长，所产生的影响较为深刻。翻译法中最有影响的是语法翻译法，下面我们对它进行简单分析。19世纪盛行的历史比较语言学为语法翻译法提供了理论基础：通过翻译的手段，比较母语与外语语音、词汇和语法的异同达到掌握外语和欣赏外国文学作品的目的。张正东把语法翻译法的发展分为三个阶段：第一阶段为18世纪上半叶，具体教学方法是将外语译成本族语，内容偏重于机械背诵语法规则，其教学目的是为了解外语服务；第二阶段是18世纪下半叶至19世纪末，以本族语翻译成外语为主要方法，其教学目的是用外语表达本族语的内容；第三阶段是20世纪以来，在众多教学流派的影响下，在教学方法上吸收了许多其他学派的方式方法，但是其核心教学思想如重视系统语法的教学、依靠本族语进行翻译、侧重语言形式和采用演绎方式等都没有改变。

语法翻译法主要有以下几项教学原则：①关注语言知识的学习；②采取单向传授式教学法；③重视读写能力的培养；④依靠母语进行教学。语言知识包括语音、词汇、语法等，在传授语言知识时，教师常常运用母语，通过对比法和演绎法等方法讲解和分析句子成分，同义词和反义词之间的差异以及语音、词汇和语法规则。教师的讲解是课堂教学的唯一活动，学生学习比较被动。

在我国20世纪90年代之前，中学英语课堂教学基本上都采用语法翻译法，英语语言知识传授是课堂的主要活动。随着1993年人民教育出版社和英国朗文出版社联合出版的新教材的发行，我国中学英语教学开始关注学生口头交际能力的培养。到21世纪初新课程标准（实验稿）的实施，中学英语教学的目标进一步提高，学生的综合语言运用能力的培养成为教学的最终目的。新的教学理念日益深入人心，学生的语言运用能力，尤其是口语水平得到了前所未有的提高。尽管如此，因为语法翻译法对教学条件和教师的要求较松，故国内外仍有不少人乐于使用。

四、认知法

认知法是在语法翻译法的基础上形成和发展起来的。它是以转换生成语法为理论基础。该理论认为，语言的深层结构体现语言能力的特点，表层结构表现语言行为的特点。人通过习得深层结构而获得语言能力，有了语言能力就能生成语言行为，运用话语。把这一语言学说与认知心理学的理论联系起来，语言能力就是核心结构。认知法的首倡者卡鲁尔主张学习外语应先掌握以句子结构为重点的语言知识，要理解所学内容；理解、信息加工和逻辑记忆对于学会外语极为重要。在理解的基础上，再让学生在生活实际和交际情景中进行操练，操练中发展逻辑记忆能力。因为学习外语不是形成习惯，而是先天习得能力的发展过程。这些过程落实到教学活动上主要是语法先行并用演绎法教语法，故卡鲁尔又称认知法为经过改造的现代语法翻译法。而左焕琪却认为认知法重视语法，必要时用母语进行教学，要求通过有意义的练习而不是大量使用演绎法。

认知法被认为是当代外语教学法，它的一些教学原则已被当代各个学派接受，如学生中心原则，容忍错误的原则，视听兼用的原则和情景原则等。认知法的教学过程可概括为“理解句子结构和所学内容→形成语言能力→运用语法”三大阶段。

五、认知法教学案例（45分钟）

（一）讲授新词

教师在黑板上挂上一幅图画，内有男孩、女孩各两名，每人在进行一种活动。学生根据已经学过的语言知识谈论这幅画。当学生使用与新词接近的词时，教师引出需要学生学习的新词。当学生提到动词时，教师引出动词现在分词的形式与意义。在理解的基础上，学生跟教师朗读新词。了解新词意义后，教师要求学生根据图画内容，尽量运用所学单词讲故事。学生讲完后，教师讲他的故事（即课文）。（7分钟）

（二）讲解语法

要求学生根据教师已使用的动词现在分词，小结该语法现象的形式与意义，然后教师进行总结。适当使用汉语解释难点。（8分钟）

（三）语法练习

引导学生由近及远谈论现在正在做的事情：①教室里发生的事；②学生家庭中发生的事；③回到图画，鼓励学生创造性地使用英语，谈论图画中四个孩子的活动。教师在学生用到现在进行时时，加以重复和强调。（10分钟）

（四）传授新课

学生打开书，开展小组活动，逐句讨论课文内容与意义。然后根据课文互相提问。小组讨论结束后，教师先要求学生提出不能在小组内解决的疑难问题。全班就这些问题进行讨论后，教师总结，给出问题的正确答案。教师再一次小结动词现在进行时的形式和意义。（15分钟）

（五）巩固课文

回到课文——听两遍录音后，学生就课文内容提问。（4分钟）

（六）布置作业

听课文录音，改进语音语调；拼写单词并回答书面练习；动词现在进行时问答与填空。（1分钟）

第三节　功能取向的英语教学模式

斯特恩认为功能派与结构派最大的差异是它更加关注语言使用者的社会和环境因素，在语言研究方面体现这些改变的是语义学、社会语言学、交往人类学以及语用学的诞生。把交际视为教学内容本身的功能派有两种不同观点：一种是分析性的，被称为“功能分析”（function analysis）；另一种是整体性的和非分析性的，被称为“功能大纲”（function syllabus）。近年来，功能分析已经对语言大纲的制定、教材的开发以及教学方法的选用等方面都产生了影响。下面举几个典型的例子来说明功能分析对语言教学产生的影响，如威尔克斯（1976）提出意念大纲的概念；维德森（1978）提出的交际语言教学法重视语言的“使用”（use）而不是“用法”（usage）；蒙拜（1978）提出特殊目的语言教学项目内容鉴定模式；卡内尔和斯温（1980）、卡内尔（1983）分析了交际能力的内涵，为语言测试的发展和语言水平研究奠定了基础。

从20世纪60年代开始，语言研究的重点逐渐由语言形式、句法关系转向语言使用、语义和语言的社会功能。社会语言学对语言教学乃至整个语言学界所做的重大贡献之一是提出了交际能力的概念。1972年社会语言学家海姆斯（D.Hymes）在著名的《论交际能力》一文中指出，离开了使用语言的准则，语法规则是毫无意义的。海姆斯认为，交际能力是由语法、心理、社会文化和实际运用语言等能力系统互相作用的结果。1980年，加拿大的卡内尔（M.Canale）与斯温（M.Swain）系统总结了关于交际教学法理论的探讨与研究成果，并提出交际能力应由以下三方面能力构成：①掌握语法（grammatical competence），包括词汇、词法、句法、词义与语音等方面的知识；②掌握语言的社会功能（social linguistic competence），指使用语言的社会文化规则与语篇规则；③使用策略（strategic competence），即为使交际顺利进行而采取的语言与非语言交际策略，后经不断充实，已具体到怎样开始会话、维持对话、要求重复、澄清事实、打断对方、结束对话等。后来，卡内尔对交际能力的构成框架进行简单调整，把语篇能力从掌握语言的社会功能中分离出来，构成了第四方面的能力。同时拓宽了使用策略的能力，包括提高交际有效性的所有努力。功能取向的英语教学模式的诞生与当时的哲学、语言学、心理学、人类学和社会学发展息息相关。以“语言的社会交际功能是最本质的功能”为核心思想的社会语言学的诞生为该模式提供了语言学基础。

交际法兴起于20世纪70年代的欧洲，它是一个典型的以语言的功能项目为纲的一种教学方法。但是，实际上交际法不是一个一般意义上的教学模式，它已形成了一场国际性的交际运动（communicative movement），并出现了多元化的局面。交际教学（communicative language teaching）是一个多种理论的联合体，至今似乎没有一种定义能对其内涵做出界定。Yalden在1983年就曾把交际教学归纳为六类。在总体上，胡春洞认为交际法有两个基本观点：①外语学习者都有其特定的对外语的需要；②语言是表情达意的体系，而不是生成句子的体系，社会交际能力是语言的主要功能。因此，交际法的教学目的在于培养学生在特定的社会环境中使用外语进行交际的能力。为了提高学生的交际能力，交际法教学过程可以从以下三方面展开：

（1）分析学生对英语的需要：在制定教学大纲时，首先分析学生对外语的需要。通过对学生需要的分析，就能知道这个学生需要掌握什么样的语言功能、什么样的文体和什么样的语言形式，并以此制定出相应的教学大纲。由于交际法对学生需要的重视，“需要分析”已成为一个独立的研究课题。

（2）以意念 / 功能为纲：交际法认为以语法或情景为线索组织教学内容忽视学生的特殊需要，难以培养其交际能力。交际法在其形成之初主张以学习者所要表达的内容即意念为线索。这种以语言使用者通过使用语言来实现的交际功能为线索的意念大纲，也被称为功能大纲。交际法第一份具体的教学大纲正是以语言的交际功能为线索组织教学内容的大纲。以意念 / 功能为纲的思想是交际法的核心思想。

（3）教学过程交际化：大纲的制定和教材的编写不是一个完整的教学体系的全部内容，交际能力的培养最后必须在课堂教学中实现，教学过程的交际化也是交际法的一个重要组成部分。它可以体现在以下几个方面：以话语为教学的基本单位，语言材料的选择力求真实和自然；以学生为中心，教师是活动的组织者，学生在各种活动中学习外语；教学活动以内容为中心，大量使用信息转换、模拟情景、扮演角色、游戏等活动形式；对学生的语言错误采取容忍的态度，不以频繁的纠错打断学生连续的语言表达活动。

以上三个环节表明交际法在教学过程中以学生的需求为教学的出发点，学生需求是制定教学大纲即学习内容的依据；同时所使用的材料尽可能真实，如可以把目标语的人士带进课堂或进入使用目标语社区，或引入英文书籍、报刊节选文章、电影以及电视和电台报道片段等。鼓励学生在实际生活中使用语言，他们的错误被认为是学习过程中出现的自然现象而无须指责。

斯特恩认为要在语言课堂上开展标准的交际活动必须包括四个条件：①与目标语人士接触；②有机会融入目标语环境；③创造真实使用语言的机会；④需要学习者个体参与。这些条件在我国较难做到，尽管在一些比较发达的地区，目标语人士可以进入课堂，也有项目支持中学生融入目标语环境。但是，英语教学可以吸收这些条件的精神，利用以下一些活动来优化课堂教学：①充分利用语言课堂的教学行为；②讨论话题尽可能源自学生的个人生活或至少与之相关联；③尽可能多地挑选对学生有教育意义和有利于学生职业发展的话题；④设置交际课堂练习，如设置小型活动让学生练习并熟悉目标语的一些表述特征。有关文献对第四种方式讨论较多，前三种尽管有人研究过，但是文献非常有限。总之，交际课堂教学的具体教学方法十分多样，其基本精神是开展师生之间、生生之间有意义的对话或讨论，也称“语言意义的谈判”（negotiation of meaning）。上课经常采取两人结对进行对话，4—6 人为一组的小组活动和全班讨论的形式。交际法教学虽然提出在语言使用（use）过程中学会语言的用法

(usage),但是它并不排斥有关语言形式的教学。

王才仁在参照国外一些模式的基础上，提出了一个可在我国进行的英语教学综合模式——英语教学交际模式。该模式的命名是基于这样一个教学理念：整个英语教学过程是交际过程，而且把每一步也看成是交际；整个教学是师生之间交际的反复循环。下面将对该模式的几个核心环节进行简单介绍：①“教师”和“学生”是教学的双主体，师生之间的交际构成教学全过程；②社会环境对教学提出要求，体现在教学大纲中，对教师有制约作用；③教学大纲由国家制定，是教师执教的依据，对教材的编写和使用起指导作用；④教材要通过听说读写等渠道和一定的情境活化为交际行为，成为信息的源泉；⑤输入是学生接受语言材料，主要包括三方面的信息：语言信息（包括操作性、观念性）、语用信息和文化信息；⑥加工指信息加工，外部加工表现为课堂活动，内部加工指大脑内的活动，外部加工与内部加工互相作用，互相促进；⑦输出指学生运用英语的能力。每一项输出都会反馈给教师，以便教师了解教学效果，整个过程达到的程度则最终反馈给社会。

该模式认为教学的实质是交际，而交际是通过活动得以体现的。如：教学中师生二主体作用是通过活动来体现的；英语物质操作和观念操作二重性是通过活动体现的；信息的输入和输出，也是通过活动实现的。所以，活动是更新教学观念、开创英语教学新局面的一个重要哲学支撑点。另外，该模式还强调运用英语时要遵循四个原则：意义性（meaningfulness）、功能性（function）、得体性（appropriateness）和移情性（empathy）。此处前两个原则容易理解。所谓得体性是指所说的每一句话要根据不同的对象、场合和时机选择合适的表达方式；而移情性是指在表达意思时要考虑目标语国家的文化风俗习惯。最后，该模式把我国的英语教学目标定位在培养学生的交际能力上。

交际法教学的理念正不断地深入我国的英语课堂教学实践。彭那祺通过多年的教学探索，把交际法教学融入自己的日常教学，不断提升自己的教学理念，2000 年她出版了专著。她总结道：“和谐”是交际法教学最重要的艺术特色。她认为，在英语课中最为重要的是要从交际的高度出发，去帮助学生打下坚实的英语基础和培养学生运用英语交际的能力，并在习得英语的过程中掌握一套成功的英语学习方法和养成良好的语言习惯。这些将构成他们可持续发展的英语潜能。

第四节　任务取向的英语教学模式

一、任务型英语教学模式的定义

任务型语言教学是指一种以任务为核心单位计划、组织语言教学的途径。它是诸多交际教学途径中的一种，其教学思想仍然在交际语言教学思想的理论框架之内。在国外，任务型语言教学已有二十多年的实践，最先进行任务型第二语言教学实践的是印度学者 Prabhu。针对任务型语言教学的研究已经取得可喜的成果，很多学者从不同的侧面对任务型语言教学进行了研究，赋予其新的内涵，具有影响力的专家有卡德林（1987）、努南（1989）、克鲁斯（1993）、威尔斯（1996）等。其中努南根据英语课堂教学中的任务与真实生活中的任务的相似程度把任务分为“真实世界的任务”或“目标任务”（real-world tasks or target tasks）和“教学任务”（pedagogical tasks）。前者是指那些在生活中有类比对象或原型，即通过客观分析考察后，根据实际需要设计的任务，旨在赋予学习者完成真实生活中类似任务的语言能力；后者指基于第二语言习得理论和相关研究，未必直接反映客观实际的任务，只限于在一定的教育环境中运用。

龚亚夫和罗少茜根据目前的有关文献，把主张任务型教学的专家和学者分为“广义任务派”和“狭义任务派”两类。狭义任务派认为，只有为了某种交际的目的使用语言的活动才可以称为任务。该任务定义与 Nunan 所提出的“真实世界的任务”或“目标任务”的概念比较吻合。而广义任务派认为，任务可分为“交际任务”（communicative tasks）和“学习任务”（enabling tasks），此处的学习任务与 Nunan 提出的教学任务意义比较接近。学习任务概念的提出对当前中学英语课堂教学活动的设计有更大的推动意义，因为中学课堂的英语学习非常关注课本内容的理解和运用，如在阅读课上，教师根据课文的相关信息设计出一个部分信息缺失的表格，让学生快速阅读后把表格填满。这种围绕课文内容设计的学习任务容易被中学教师接受。但是，我们的教学如果要真正提高学生的语言运用能力，并提升学生的素质，那么任务的定义最好能满足 Skehan 对任务提出的五方面要求：①意义是首要的；②有某个交际问题要解决；③与真实世界中类似的活动有一定的关系；④完成任务是首要的考虑；⑤根据任务的结果评估任务的执行情况。换言之，任务关注的是学生如何沟通信息，通过交流互动解决交际问题，而不是强调学生使用何种语言形式；任务具有在现实生活中发生的可能性，而不是“假交际”；学生应把学习的重点放在如何完成任务上，对任务进行评估的标准是任务是否成功完成。

目前教育部制定的英语课程标准的实施建议明确指出：倡导“任务型”教学途径，培养学生综合运用语言的能力。任务型英语教学提倡以教师为主导，以学生为主体的教学活动，它提倡体验、实践、参与、交流和合作的学习方式。学生在活动中认识语言，运用语言，发现问题，找出规律，归纳知识和感受成功，真正让学生掌握讲英语、用英语的本领，从而培养兴趣，树立信心，发展自主学习的能力和合作精神，为终身学习和发展打下基础。

二、任务型英语教学模式的理论基础

任务型教学概念被提出后，二十多年来，它的发展、演化和内涵的不断丰富得益于理论的支撑。言语行为理论是任务型教学与研究一个十分重要的理论来源。言语行为理论旨在回答语言是怎样用于“行”，而不是用于“指”这样一个问题。奥斯汀认为言有所为的话语是被用于实施某一种行为的。根据个体说话时所实施的三种行为，奥斯汀提出了三种模式行为，即言内行为、言外行为和言后行为。言内行为是指传统意义上的“意指”，即指发出语音、音节、说出单词、短语和句子等。言外行为是指通过“说话”这一动作所实施的一种行为。人们通过说话可以做许多事情，达到各种目的。言后行为是指说话带来的后果。塞拉尔在奥斯汀研究的基础上，把言语行为理论提高为一种解释人类语言交际的理论。塞拉尔认为，语言交际单位不是单词或句子等语言单位，而是言语行为。于是，语言交际过程实际上是由一个接一个的言语行为构成的。每个言语行为都体现了说话人的意图。他把一句话所实施的言外行为与内容联系起来，即话语行为与命题行为之间的关系。

随着任务型英语教学研究的不断深入，国内学者从不同的视角来探讨和建构它的理论基础。龚亚夫和罗少茜认为该教学模式的理论依据来自许多方面，有心理学、社会语言学、语言习得研究、课程理论等等。从语言习得的角度可以解释任务型英语教学的必要性；而社会建构理论和课程理论可以阐释任务型语言教学的教学理念。魏永红认为系统功能语言学的诞生对20世纪80年代以后的语言教学的发展产生了重大影响，其中就包括任务型教学。同时她又从学习论的一些视角，如皮亚杰的认知发展论、布鲁纳的发现学习论、奥苏贝尔的意义学习论和社会建构主义学习理论，以及教学论的活动教学来分析任务型教学的教学理念。下面我们重点从语言习得理论、课程理论和活动教学三个视角来理解任务型教学的必要性和意义。

语言习得是指一个人语言的学习和发展。此处的学习与课堂上教师的语言知识的传授式的学习意义相对。我们通常说：“Language is not taught but acquired.”（语言不是教会的而是习得的。)语言习得理论告诉我们，在语言课堂上仅仅学一些语言规则和词汇意义并不等于就能自如地运用该语言了。威尔斯通过研究语言习得发现，当学生做机械性语言练习时，他们的注意力有意识地集中在语法形式上，可能看起来暂时掌握了所学习的语法结构。而一旦让他们用语言去交流，将注意力集中到语言的意义上时，语言错误就会很多。另外，蒙麦里和爱森汀做过一个实验，他们把一个班分成实验组和对照组两组，实验组教语法，但同时也有实践的机会，对照组只讲语法。结果表明，虽然实验组用于语法学习的时间少，但是实验组不仅交际能力强，而且语法测试的成绩也比单讲语法的对照组好。因此，语法加交际比单纯讲解语法知识更能提高语言的流利程度和语法的准确程度。

语言习得理论并非反对教语法，而是提倡在学习了该语法项目后，能有实践和运用的机会，如在不同的情景或语境中反复使用含有该语法规则的句式。只有不断地在真实情景中使用语言，才能逐渐发展自己的语言系统，这正是任务型英语教学所要追求的效果。语言使用在任务型教学模式中是指用语言来做事情，即完成各种任务。当学生积极地参与用目的语进行交际的尝试时，语言也就被掌握了。当学习者所进行的任务使他们当前的语言能力发挥至极点时，习得也扩展到最佳程度。课程理论是指人们对课程与社会、知识、学生等关系的规律性认识。英语学科课程理论是从学习者的角度，将学习理论、课程理论和教学实践综合的一种课程理念。它具体为由意识（awareness）、自主（autonomy）和真实（authenticity）三要素组成的3A课程观。课程理论有助于我们对任务型教学模式的教学理念做更深入的理解。

在3A课程框架中，Vanlier首先提出意识的重要性。意识是指在课程学习时教师要让学生知道自己在做什么和为什么做，只有当学生明白自己学习的内容与他的生活或发展是有价值时，他才会投入注意力，对某物开始关注，有意识地参与，用心去感受过程，用心去反思效果。意识给普通教师的启示是教学不能只给学生灌输知识点，而是首先要在思想上让学生明白学习的目的和意义。任务型教学模拟人们在生活中使用语言的情景，在各种有明确目标的活动中，学生有意识地参与语言的交流，从而掌握语言。学生一旦找到了学习的价值，内在动机被激活后，学习就进入第二阶段——自主阶段。

此处的“自主”指的是学习者可以根据自己的兴趣对要求完成的任务具有一定程度的选择权利，如可以自主确定总任务下的次任务内容，以何种方式完成任务，以及小组成员的分工等等。学习者被赋予了选择权，同时也被赋予了责任。学习者带着这份责任会尽力做事，这份发自内心的动力有助于对信息进行深度加工，提高学习效果。

同样这份对自己学习负责的责任感有利于学生成为富有责任感的公民，达到民主教育的目的。学生通过参与任务型教学，不仅学会了语言，更重要的是学会了做人，因为学习过程就是人生磨炼的过程，这就自然要求学习过程的真实性。

凡里尔的“真实”包括教材的语言材料没有被加工，课堂中使用的语言与生活相一致，更重要的是人的“真实行动”。所谓真实行动是指该行动是发自内心的、自愿的行动。在任务型教学中，学生想做的事情是他们自己想做的，他们的行为是自己选择的，他们表达的是他们的真实感受，他们所说的语言是他们想表达的，这才是真实。相反，不真实的行为是由外部因素引起的，是那些因为大家都这样做，或是被要求这样做，自己才这么做的事情。任务型教学鼓励学生表达自己的真实感受，传递真实信息，讲述生活中真实的经历，而不是背诵和转述课文。

活动教学主要是指在教学过程中以建构具有教育性、创造性、实践性、操作性的学生主体活动为主要形式，以鼓励学生主动参与、主动探索、主动思考、主动实践为基本特征，以实现学生多方面能力综合发展为核心，以促进学生整体素质全面提高为目的的一种新型教学观和教学形式。该教学观有以下四方面基本主张：①坚持“以活动促发展”为基本指导思想；②倡导以主动学习为基本习得方式；③侧重以问题性、策略性、情感性、技能性等程序性知识为基本学习内容；④强调以能力培养为核心，以素质整体发展为取向。

以上有关活动教学的基本主张表明，它与任务型教学的理念非常吻合。首先，任务型教学中以任务即“用语言做事的活动”为基本教学组织形式。这样做的理论假设是有效的语言学习不是传授性的，而是经历性的，让学习者参与有目的的交际活动，在交际中认识、掌握、学会使用目的语是习得第二语言的最有效途径。其次，从学习方式来看，任务型教学积极倡导合作学习、交往学习、探索发现学习、体验学习等学习方式。通过用目的语交流、沟通、协商，完成任务的过程，促进交际各方在目的语的掌握使用上相互取长补短，促进各方中介语系统的扩展、修订、重构，从而使语言的输入也在语言的使用过程即输出过程中得到落实，语言的输出“能激发学习者从以语义为基础的认知处理转向以句法为基础的认知处理。前者是开放式的、策略性的、非规定性的，在理解中普遍存在；后者在语言的准确表达乃至最终的习得中十分重要。因此，输出在句法和词法习得中具有潜在的重要作用”。最后，从发展能力、提高素质的角度看，人作为社会个体，交际能力是最基本的生存能力之一。通过任务型教学，学生的语言水平不仅得到提高，学生的沟通能力、合作能力也得到了锻炼，因此，任务型教学是一种有效的素质教育途径。

三、任务型英语教学模式的特点和原则

努南提出的任务型语言教学包含五个特点：①强调通过交流来学会交际；②将真实的材料引入学习环境；③学习者不仅注重语言的学习，而且关注学习过程本身；④把学习者个人的生活经历作为课堂学习的重要资源；⑤试图将课堂内的语言学习与课堂外的语言活动结合起来。这五个特点针对我国的中学英语教学来说，要特别注意以下几点：

（1）尽可能把英语课设计成各项语言活动，如回答问题、填信息表、设计课文提纲等，给学生提供真实情景下的、基于信息差的、有意义的交流活动。

（2）注重语言知识的教学，但是不要单向地灌输，而是在任务布置后，让学生感受到要完成任务必须得到必要的语言输入。教师先创造需求，之后以交互方式和在完成任务的情景中提供学生所需的语言输入。

（3）要充分体现真实性原则，即语言材料的真实，问题设置尽量以学生的实际为出发点，同时要求学生提供真实的感受和想法，教师也要以真实的思想与学生交流，达到心灵的沟通。师生之间和生生之间通过这样的真诚沟通，加深相互的理解，使课堂上共同度过的时间更加美好。

随着对任务型教学的研究逐步深入，努南在提出任务型教学的五个特点之后，又于1999年提出了五条教学原则：①言语、情景真实性原则；②形式—功能性原则；③任务相依性原则；④在做中学原则；⑤脚手架原则。这五项原则相比他提出的五个特点，在理论上进行了高度概括，对教学实践具有更强的指导意义。“言语、情景真实性原则”在上文已经分析过。“形式—功能性原则”中的形式是指语言形式，即有关语言知识本身，功能是指语言知识在真实情景中的运用。该原则要求教师和学生对语言形式和语言功能有清晰的认识；任务设计要注重语言形式和语言功能的结合，旨在使学生掌握语言形式的同时，培养其使用语言的能力。总之，在进行任务型语言教学时，语言的形式与语言的意义是紧密结合的。“任务相依性原则”是指任务设计既要遵循由易到难的原则，又要体现任务之间的关联性，如总任务涵盖许多小任务，小任务环环相连、层层铺垫，随着小任务的完成，最后完成一个总任务。“在做中学原则”可以说是任务型教学最核心的原则，“做”可以指我们前文中的“活动”“交互”等概念，在此不展开讨论。“脚手架原则”可以从两方面进行理解：一方面，教师设计任务，一定要适合学生的实际，让学生通过努力能够顺利完成，从而获得安全感和成就感。另一方面，在具体完成任务过程中，任务如何完成、任务的成果会是什么样的，教师都能在教学的初级阶段提供给学生一些可以借鉴的思路或样式。

第五节 社会文化互动取向的英语教学模式

课程作为一种社会文化，教学活动作为一种社会文化的传承与发展的现象，教育社会学流派对学校课程与教学的影响已经显而易见了。其中的解释理论（也有人称为“互动理论”）是我们本节讨论的社会文化互动取向的英语教学模式的理论基础。该理论由现象学、知识社会学、符号互动论、俗民方法论、拟剧论等社会学术思潮共同构成。在课程与教学方面，其基本要点包括：①关注教学活动中教师与学生如何构建、解释并控制其日常生活过程中的问题，关注师生人际互动过程。②强调师生共同创造课堂生活，解释师生各自的角色和各种行为所表达的意义。注重师生在课堂中的对话，认为要通过理解、解释去剖析师生的观念与行为。③分析课堂教学情景时，认为语言是最基本的符号，课堂教学是通过语言进行有效沟通的；在教学过程中，师生对课堂情景的不同理解是影响课堂教学效果的重要原因之一；社会互动是指人与人或群体与群体之间发生的交互活动或反应的过程。此外，英国新教育社会学家扬（M.Young）于1971年出版的《知识与控制：教育社会学的新方向》一书，发展了知识社会学理论。其基本观点是：把教育现象看成是一种创造性的事实而非一种既定的事实，师生互动是一种解释的过程而非一种由教师要学生被动接受的过程，教育知识和内容并非肯定是“客观的、公正的、有效的”，而是受制于社会、政治的权力影响。

以上观点表明课程是一种社会文化，课堂教学是社会文化的传承，所以社会文化互动取向的英语教学模式，可以简称为互动教学模式，或“交互（式）”英语教学模式。张森和蔡泽俊认为交互式教学模式是指在主体间的交往中（包括师生交往、生生交往），师生共同参与教学活动，相互承认与尊重，通过多种方式相互作用、相互沟通，促进学生全面和谐发展。它是开放的、建构性的，是一种全新的教学模式。该模式最早由帕林斯卡于1982年提出，它是一种以支架式教学思想为基础来训练学生的阅读策略的教学模式。该模式具有两个特点：重点放在培养学生特定的、具体的用以促进理解的策略；这种教学以教师和学生之间的对话为背景。那么对于语言课堂，交互意味着什么？威尔斯认为“交互”是学生通过使用语言而获得语用能力，在使用过程中学生的注意力集中在传达和接受真实的语言信息上（即在关系到交互双方利益的情景中交换信息）。威尔斯以为交流是话语的基本单位，语言交互是合作活动，不管交流是口头的还是书面的，都包括在信息发送者、接受者和情景环境三者之间关系的建立中。交互不仅是自我观点的表达，而且是对别人观点的理解。

交互对语言学习为何如此重要呢？首先，通过交互学生可以增加他们的语言储备。因为在交互过程中他们倾听或者阅读真实的语言材料，如倾听同学们在讨论时的语言输出，完成共同参与的解决问题的任务，以及撰写对话日记等。其次，在交互时，学生能够使用他们所有的语言知识进行真实的交流，而这种表达真实意思的交流对他们来说是很重要的。就这样，他们能从所听的内容中提取信息，因为理解是一个创造过程，此外，他们也能通过创设语篇去表达意图。最后，在二语语境下，新语言和文化的交互是必不可少的，所以学生需要在新语境中进行交互方式的训练。

交互有利于语言学习，那么在语言课堂上如何进行有效交互呢？Wells 等学者对此展开了研究，并总结了以下一些有效措施：

（1）教师给学生创设大量的倾听真实语言材料的机会。此处的真实语言材料包括教师流利的课堂英语、录音或录像带、报刊、书籍、产品说明书菜单、地图等。如有可能，可把英语为母语的人士带入课堂与学生进行非正式的交互。真实材料不一定都很难，可以在一些有意义的活动中使用。

（2）学生必须在课堂情景中听、说英语。例如，学生可以面对挂图和实物听、说英语；可以进行角色扮演和讨论；可以编制电台脱口秀；还可创建一些场景，如在教室建立一个二手货市场，举办鸡尾酒晚会或求职面试等等。

（3）学生一起做一些有意义的活动，诸如，制作某物品、为他人提供娱乐、为跨文化交流活动准备材料等。

（4）学生观赏一些原版电影或录像带，观察以英语为母语的人士如何交流，如观察非言语行为——如何感慨，如何开始、维持对话交流，如何进行意义协商以及如何结束交流等等。

（5）语音可以通过交互来提高，除通过对话式的听说活动，还可以通过诗歌朗诵、创编对话或剧本等过程来锤炼语音和语调。

（6）跨文化交互对现实世界语言运用来说是很重要的。首先，学生大多拥有相同的观点和价值观、相同的行为方式和言语方式。他们能辨别自己对目标语人士以及相互文化的思维定式。这种学习经历有助于学生直接进行观点交流或介入另一种文化的活动。其次，与来自不同文化的人士进行交互，清晰自己如何应对不同民族人士，监视自己的言语风格，以及操练不同的交互技巧，这些都能帮助学生将来在不同文化环境中生存。最后，在英语作为外语教学的国家，学生可以把那些有可能因为文化差异而导致交流失败的片段表演出来。如有可能，还可以请以英语为母语的人士从他们本民族的文化视角来谈谈这些文化差异。歌曲、音乐和舞蹈也能让学生欣赏不同民族的文化底蕴。

(7)在阅读活动中,读者与文本之间应该有精彩的交互,如解释、拓展、讨论其他的可能性或其他结论。通常阅读可以让学生进行有效的口语、书面语输出。

(8)针对写作活动,要注意写好的东西应该有人来阅读,如在班级报纸上刊登或抄写在通知栏上。对话日记是交互性写作的典型例子。

(9)交互并不排除语法学习。语法知识有利于交互水平的提高,但是要把语法学习过程交际化,让学生通过有效的意思表达的经历来内化语法规则。

(10)测试也应该是交互性的水平测试。多项选择和填空题是语言知识的测试,不是正常的语言使用活动。测试应该尽可能地转回到语言的正常使用上来,成为一个在理解和表达方面意义建构的有机过程,因为测试本来就是学习过程的一个部分。

近年来,我国的学者和教师也越来越关注英语课堂教学的互动性。李秀英和王义静认为"互动"英语教学模式是高校英语教学的必然趋势。作为教师,我们不能把自己看作是不断向学生传递信息的源泉,而应看作是语言学习活动的组织者和参与者,为学生使用语言创造机会,提供指导,使学生通过自己的语言实践来掌握语言知识和能力,同时帮助学生并在学习过程中逐渐掌握最适合自己的学习方法。此外,李秀英和王义静提出"互动"英语教学模式必须是创造性的有意义的语言操练。具体地说,互动活动的内容应有助于激发学生的兴趣、学业目标和事业目标等;在互动教学过程中新导入的内容必须要与学生已有的知识、背景等相关;互动活动的内容还必须能够激发学生参与活动的内在动机。这样的活动可以包括以学习者为中心的、合作性的教学,以内容为中心的活动,语言、文化相结合的活动,以语言表达能力培养为基调的活动,以技能培养为基础设计的测试。此外,李秀英和王义静在具体课堂教学过程中把"互动"英语教学模式设计成以下种类:以问题为中心的操练活动;以词语使用为方式的词汇学习过程;以人称替换、原文内容为主线的故事"重组"活动;以翻译为检测手段的巩固方式;听说结合的听力教学方式;形式多样的趣味英语活动。

这些有关高校英语教学的"互动"理念和根据这些理念设计的教学活动在2000年前后显得比较新颖,其实这些操作方式就是课堂教学交际化的具体体现,把学生的主体性充分体现出来,通过语言运用来学习语言。从"互动"英语教学模式设计的种类看,该模式把各个教学环节都变成了互动过程,这点做得非常好。但是,互动活动在很大程度上仍然是关注语言本身,如操练活动,词汇学习方式,巩固活动,听力教学方式等,这表明"互动"只是在教学技巧上的一种改变,在总体上没有形成比较完整的新的课堂教学体系。

要想使自己的课堂更具交互性，建议教师在英语课堂上不妨抛弃那些程式化的教学语言，如：Now we are going to study grammar./Now let's study the new words./Now Let's use this word to make a sentence，而更多地使用与交谈话题相关的、富有情感的、互动式交际性语言，如，Let's imagine.../Suppose.../In that case，what do you think...What's your opinion about.../Put yourself in the position.../Do you want to make a guess？/Who has a different opinion about... 等。

随着英语课程改革的不断深入，对互动英语教学模式的研究也在不断深入。例如，张森和蔡泽俊总结了“交互式”课堂教学基本模式的流程：目标导入一小组讨论一组际发言一成果评价。在课堂上可采用同桌互学、小组讨论、大组辩论、自由发言等形式，营造“生一生”“师一生”间自由平等的氛围，通过学生之间的互相提问、互相帮助，学生学会思考、解决问题、发展思维，从而实现学习的目的。

张森和蔡泽俊提出的交互概念与上文提及的 Wells 等提出的概念不完全一样。前者仅仅把交互定位在语言符号的使用上，而后者可以包括语言、活动和非言语性的理解活动（如读者与文本的交互）等。

总之，社会文化互动取向的英语教学是一种面向未来的新事物，它的内涵与形式需要不断完善和丰富，它的教学组织方法也将朝着多样化的方向发展。

第六节　全语教学模式

全语教学模式也称整体语言教学模式，该模式的理论首先由古德曼提出，其核心理念是：语言是整体的，不能被分割成听、说、读、写等技能。同样，语言中的词、短语、句子和段落好比是一件东西内部的原子和分子，我们可以研究原子和分子的特性，但是其整体意义总是超过各部分加起来的总和。此外，该理论还把语言教学的范畴推广到与学生生活有关的其他各个方面。学习语言的目的是满足学生现实生活中的真实需要，使学生能够进行有意义的人际交流，解决生活中的实际问题。它的优势是能够使一个主题概念多角度、多层次地反复重现，使学生有机会把过去的知识和经验与今天的学习任务结合起来，使新旧知识在头脑中形成网状记忆、网状联想，从而使英语学习的质量发生飞跃。我国学者王才仁把上面第二层意思进行了拓展，认为“整体语言法”（Whole Language Program）就是把学语言与学习其他文化课结合起来，实行综合推进，既学语言，又长知识，互促互动。一个学英语的人，如果汉语水平不高、知识面狭窄，很难在英语上有很高的造诣，即便能流利地说英语，也无法充分发挥英语的交际工具作用。

语言是一个整体,知识学习也是一个整体,学习者的生活和学习也应该整合起来。对此,左焕琪认为整体教学法的最大特点是:“它一反自古以来由教师决定从部分到整体进行教学的传统,强调由学生主动参与并遵循内容从整体到部分的教学过程。”这种反传统的教学方式是受到了语言习得和学习的科研成果的启发,该成果表明只有当学生认识到语言的整体时,他们才能认识语言的本质。在外语教学中,要注意以下几点:①应先让学生在教师的启发下看到整体,然后逐步掌握教学内容;②每一部分的学习应该是有意义的,而不是无意义的机械操练;③可先用母语讲清概念,然后采取师生之间与学生之间互相交流的形式练习;④口语与书面语并重,以达到透彻理解与掌握的目的。

整体教学法可用于宏观与微观外语教学中。宏观是指每个单元开始时,先与学生一起讨论该单元的主题的概况,然后学习具体内容和词汇、语法结构等;微观是指如教授某一语法现象,可先讨论同一大类的特点,再学小项。在每次上课时,整体教学把每节课作为一个整体来处理,而每节课又都有侧重。这种教学法的心理学基础是格式塔心理学。该理论认为为了培养创造性思维,教师也应把学习情景作为一个整体呈现给学生,人对语言刺激的反应是综合的,而不是通过对语句的分析来理解其内容的。王静认为该整体教学模式可以体现在以下方面:①课堂教学的整体设想;②课堂教学内容的整体处理;③在设计整体教学过程中,教师必须遵循语言学习的规律;④注重发挥教师的主导作用;⑤注意整体教学的适应性。针对课堂教学的整体设想,要注意面向大多数学生,课堂教学要以多数学生的听说读写活动为主。

第三章　高校英语课堂教学研究

第一节　慕课与高校英语课堂教学

MOOC是Massive Open Online Course（大规模在线开放课程）的缩写，2008年兴起于美国，之后迅速在全国范围内传播开来。这四个字母代表了慕课的特色，“M”代表Massive（大规模），传统课程由于受授课地点的限制，虽然多则可达数百名学生，但一门慕课的上课人数是以万来计算的，最多的可达100多万人；第一个“O”代表Open（开放），传统的课程不管学生是否对这门课程有兴趣，都必须来上课，慕课则不同，它以兴趣为导向，只要学生对这门课有兴趣，有学习的意愿，就可通过邮箱注册来学习，对学习者的年龄、国籍没有任何限制；第二个“O”代表Online（在线），学习在网上完成，不受时空限制；“C”代表Course，就是课程的意思。通俗地讲，慕课是以连通主义理论和网络化学习的开放教育学为基础的大规模网络开放课程。慕课包括Course、EdX、Udacity三大平台，这三大平台各有特色，注册人数已有数百万人。

2012年，慕课开始引入国内。我国教育界的专家和学者就慕课的发展历程进行了多层次、多角度的研究，取得了丰富的研究成果。慕课的教学模式有三种：第一种是完全的网络教学模式，学生自主选课，自主学习；第二种是网络课程+学生自助式面对面互动模式；第三种是网络课程+本地教授面对面深度参与教学模式。慕课在高校英语教学界的研究也逐步深入，理论构建和运行机制的研究也日益成熟。慕课时代的来临引发了教学理念、教学内容、教学方式及教学效果等多方面的变革，为此，各高校要以积极的态度应对慕课的挑战，寻求慕课与高校英语教学的契合点。

一、慕课与高校英语教学相结合的优势

学习更加灵活方便的慕课的应用改变了传统的以教师为中心的教学模式。慕课以建构主义为理论支撑，教学过程中学生为教学的主体，教师担任主导角色，学生可以根据自己的时间安排，自主选择什么时候上课，用多长时间上课，而不是按照学校的规定必须在固定的时间去固定的教室上课，实现优质资源的公平分配和教育的均衡

发展。

有利于促进学生语法知识体系的形成。英语语法学习是高校英语学习的关键，要求学生在头脑中形成清楚的语法框架，使语法知识具有连贯性和体系性。慕课是按照严格的英语学科体系构建而成的，为学生带来的是系统化的知识，而不是碎片化的零星知识。当前高校英语慕课的课程设置是以知识单元为标准来进行划分的，让有需要的学习者能够按照慕课展现出来的图谱进行针对性的学习，帮助高校生构建起准确的语法知识系统。高校生在运用英语与他人进行交流的过程中就可以将已经掌握的语法知识自然地使用出来，能够准确使用语法知识，从而在保证语言流畅性的同时，提高语言输出的准确性。

互动性更强，有利于培养学生的自主学习能力。慕课背景下教师的教学方式和学生的学习方式都发生巨大改变，师生之间的互动形式也由原来的实体课堂变为虚拟课堂或者两者的结合。慕课的评价方式也更为灵活。这就要求教师在教学过程中及时观察学生的学习状态，注意发现学生身上的闪光点，承认学生之间的实际差异，并学会欣赏这种差异性，在差异中寻找学生的独特之处。采用线上评价和线下评价相结合、教师评价和学生互评相结合的方式，使学生及时快速得到学习方面的评价，有利于学生及时发现问题，从而形成良好的学习反馈循环。

二、慕课背景下高校英语课堂教学策略

随着教育体制改革的不断深入，现代教育侧重于提高学生的学习效率，使学生能够在最短时间内获取最多的知识，使学生的能力得到更好地提升。要想实现教学质量的提升，就要在教学策略上下功夫。无论教育理论多么完善，教学手段多么丰富，只有将教育理论和教学手段付诸于具体的实践课堂教学中，才能检验出教学模式的效果。教师只有使用好课堂教学策略，才能提高教学质量。

高校英语课堂有效教学准备策略。教学准备策略又称为备课，它是教学过程中的重要环节，直接影响教学的成败。教学是有目的、有计划的活动，教师在进行教学之前要进行必要的准备，做到心中有数，这样教师在上课的时候才能按照组织好的策略开展教学活动。要想构建有效的教学组织策略，教师在上课前不仅要了解英语教材，还要了解学生的情况，只有将教材内容与学生认知结构完美融合，才能设计出好的教学方案，二者缺一不可。只注重挖掘教材内容，而忽略对学生基本水平和情况的了解，设计的教案就会让学生抓不住重点，无法有效掌握教学内容；如果只专注学生的认知水平，而对教学目标和教学内容没有清晰完整的认识，那么教学就缺乏目的性，使学生对学到的知识无法形成系统而完整的认识。慕课专业性较强，在运用慕课进行英语教学

时要先进行小范围的实验，确定慕课的应用能够有效提升学生的听、说、读、写能力之后，再进行普及和推广。另外，教师要根据学生总体英语水平的实际情况，运用慕课来组织教学策略。

英语课堂有效教学实施策略。合理利用课堂教学时间，是提高课堂教学效率的前提条件，要在较少的课堂教学时间内完成规定的教学任务。课堂教学活动要针对学生的水平和要求来开展，以满足学生对知识的需求为宗旨，注重对学生学习能力、语言表达技能、情感态度和价值观的培养。英语学科知识是结构严密、互相联系的一个系统，教师在教学过程中要遵循系统化的原则，注重知识之间的联系，在讲授新课之前注意回顾以往学过的知识，特别是词义相近的词汇要重点分析，教学的过程中要逻辑清楚，表达准确，可以通过语言、动作等手段来展示自己对英语、对学生的热爱和热情。

讲授的过程中要注意理论联系实际，将教学内容与学生的生活经验衔接起来。语言要幽默风趣，为学生创设一个轻松、和谐的课堂氛围。创建适宜的讨论环境，创设探究问题的教学情境，适时地组织课堂讨论，讨论的问题要设计新颖，以引起学生的好奇心，激发学生的学习热情，让学生自行组织组内讨论。培养学生的团队合作意识和竞争意识，从而培养学生的发散思维和思辨能力。

英语课堂教学评价策略。评价不应只关注学生语言知识、语言技能的掌握情况，更要关注学生掌握知识、技能的过程与方法以及情感、态度、价值观的形成过程，进行发展性评价，既要求学生全面发展，又强调学生的个性发展和创造性，注重考查学生的学习方法、情感态度、创新意识、实践能力、合作与交流等多方面的综合素质。

慕课背景下的高校英语课堂教学策略的实施符合当前高校以学生为中心的理念，有利于帮助学生形成良好的自主学习能力，培养学生的创新能力，促进学生的可持续发展，对当前高校的英语课堂教学有着一定的促进作用。慕课建设是一项系统工程，需要高校领导高度重视，深化教学管理体制改革，完善相应的规章制度。教师要转变教育教学观念，切实关注学生的全面发展，自觉学习现代化信息技术，不断提高自身的专业知识能力，从而提高英语教学质量。

第二节　“互联网 +”时代高校英语课堂教学

随着现代信息技术的不断发展，“互联网 +”对各行各业产生了深远的影响。在高校英语课堂教学中，以“互联网 +”作为教学形式以及教学内容的创新已经成为高校英语教学改革的重点。在“互联网 +”的背景下，网络也为高校英语教学提供了更加丰富的教学资源，为教师的教学以及学生的学习带来便捷。本节将着重对“互联网+”背景下的教学模式与传统高校英语教学模式进行对比，探寻高校英语的教学改革方向，为高校英语教学改革寻找途径。

一、“互联网+”时代背景下高校英语教学改革与创新的必要性

当下我国社会对高校的英语教育事业进行了积极的分析和研究，实现了对教学理念的探讨，进一步完善了教学的方式，逐步实现了对教学工作的升级改革。针对英语教学的开展状况进行总结，主要包含两方面：其一是通过英语教学，学生具备了一定的英语知识和听说读写能力。其二是培养了英语人才，为国家和社会的发展提供了专业的人才。专业的英语教学能够拓展学生的知识面，协助学生更好地进行跨文化交流，满足国家和社会对人才的需求。因此，进行科学的英语专业教学改革，可以更好地培养学生的专业能力，为社会发展提供良好的人才基础。

二、“互联网+”背景下的教学模式与传统教学模式比较

（一）“互联网+”背景下的教学模式

“互联网+”背景下的教学模式在高校英语课堂的应用中具有自身的特点，相对于传统教学模式来说，这一教学模式虽然是以网络教育为主要目的和基础，但是在课程形式上却更加灵活，其优势主要为：能够改变以教师为中心的学习模式，以学生为主，更好地提高教学效果，“互联网+”背景下的教学模式能够设置互动环节，实现教师和学生之间的实时对话，有效提高学生的学习积极性。但是其中依然存在着一些缺点，主要体现在学生的自主学习能力比较差，如果缺少老师的面对面引导，很难自主进行学习，这也是“互联网+”背景下的教学模式面临的最大问题。

（二）传统教学模式

传统教学模式是目前各个高校英语教学中比较常见的教学手段，其主要的优势就是学生能够在课堂中及时提出问题，并且在老师的引导下更好地融入教学过程当中。同时传统教学有着一定的强制性，能够帮助学生学习知识。但是这一教学模式也存在着缺陷，主要体现在学生不能够发挥出自身在课堂上的主体作用，并且很难在学习中找到乐趣，从而降低了学习的效率。

三、“互联网+”背景下高校英语教学的改革

（一）构建“互联网+”环境下的教学模式

在“互联网 +”环境下的教学模式中，学生在课堂结束之后能够通过网络资源获取需要的知识内容，然后总结出自己不能理解的知识点和内容，并在课堂上提出，老师和同学共同解决。实际上这也是一种课后学习的手段，能够把学生获取知识和消化问题相结合，以此更好地带动课堂的氛围，促进学生的发展和进步。

（二）建设多媒体与讨论相结合的教学模式

“互联网 +”背景下的教学模式强调的是网络学习和课堂学习二者之间的互补，所以需要把这一教学模式和课堂讨论的教学手段相结合，这样才能够创建更加符合教学需求的良好的课堂氛围。因此教师可以在课堂设置的过程中，利用互联网平台进行教学，并且在课程学习的过程中不断强调这一学习方式，同时引导学生在课后使用这一学习方式，鼓励学生在课堂上提出问题进行讨论，以此解决线下学习问题，也能够保证学生在课堂上获取更多的时间，接触最新的知识。长此以往，学生不仅能够养成自学的习惯，也能够拓宽视野，学习到更多的知识。

（三）增强学生英语学习意识

很多高校对于学生英语课程的学习都是以传授知识点为主，并没有考虑学生是否能够把知识点应用到实际生活之中。同时还有些教师只讲考试内容，其他内容一笔带过，这样的方式会严重制约学生英语学习和使用意识的养成。所以还需要教师丰富课堂内容，在“互联网 +”的背景下增强英语学习意识。高校可采取线上和线下相结合的教育方式，线上讲授课程内容，同时老师和学生之间进行信息互动；线下是学生巩固已学知识，以此更好地促进学生的发展和进步。

（四）培养学生英语能力

几乎所有高校都会出现的一个问题就是学生语言能力的培养力度不够。这主要是由于高校教师采用的依然是传统的“满堂灌”的教学手段，长此以往，学生的英语能力就会出现缺失，甚至在毕业之后难以把学习的知识应用到工作之中。所以在“互联网 +”的环境之下，教师还可以通过网络中的技术平台，把教学中使用的案例进行丰富，带领学生应用所学知识有效提高学生的英语能力。

多媒体在教育领域的迅速应用，对高校英语教学有着非常大的影响，不仅表现在高校英语课堂教学形式上，还表现在高校英语教学内容方面。高校英语的开放式网络

课程的引进，进一步丰富了多媒体教学内容，同时也对教师传统教学观念产生影响，促使教师更新教学理念，有效提升了学生的学主动性，所以在“互联网 +”背景下对高校英语进行教学改革也是高等教育发展的必然趋势。笔者通过深入探讨，提出了基于“互联网 +”背景下高校英语的教学改革与创新，希望本节的内容对高校英语教学改革起到一定的促进作用。

第三节　互动策略与高校英语课堂教学

在应试教育的影响下，国内高校当中的英语教学通常存在一种现象，就是学生在课堂当中并不活跃，甚至在大部分的时间内都保持沉默的状态。而学生的这种学习状态让教师无法了解自身的教学是否起到了一定的效果，也无法了解学生真正的学习状态。作为为社会培养人才的最后一个环节，高校更加注重学生实践能力的培养。学生在课堂当中的沉默态度无法锻炼其英语实践能力，导致英语教学效果大打折扣。本节主要研究互动策略在高校英语教学当中的应用，从互动策略的角度出发，研究高校该如何转变英语课堂状态，解决学生课堂沉默的问题。

随着经济全球化进程的不断加快，企业面临的国际竞争局面越来越复杂。为了提高自身的核心竞争力，企业更加注重对于人才的培养和积累，并且要求高校为自身培养更多的应用型人才。但从教育研究者对目前高校课堂教学效果的研究结果来看，现今，在高校的英语课堂当中，很多学生都保持沉默，整个英语课堂的气氛也比较沉闷。为了转变这种现状，高校教师需要重新调整授课形式，了解学生沉默的原因，并且根据学生的性格特点制定有针对性的互动策略，带动课堂学习气氛，让英语课堂变得活跃。

一、互动策略概述

（一）互动策略释义

在构建主义理论当中，互动教学主要的目的是改善人们在日常交往当中的交往方式。互动教学主要是在认知理论的基础之上转变课堂教学形式。这种互动策略在课堂当中的应用能够改变传统的教学模式，让学生成为教学的主体，而教师则在教学过程中考虑学生的思路，与学生展开互动。而互动策略的影响下，学生与教师之间的互动也将成为日常教学中的主要状态。在这种教学互动下，学生与教师之间的关系更加亲密，教师能够为学生创设学习的场景，让学生感受到教学内容的生动。而教师与学生的互动让师生双方都保持在精神活跃的状态下，学生能够更加积极主动地思考教学内容，并且激发自身对于教学内容的学习兴趣。

（二）互动策略特性

互动策略在高校英语教学当中的应用也并不是都能够取得特别好的教学效果的。有效的互动策略需要教师进行特别的教学设计，了解互动教学的具体特性，才能够根据互动策略来掌握教学的规律，制定具有针对性的互动策略。

互动策略的第一个特性是互动目标的多维性。在课堂当中，教师所选择的互动目标决定其所应用的互动策略是否会起到作用。互动目标关系到教师选择以怎样的方式来教导学生掌握知识技能，也关系到学生是否能够对教学内容产生兴趣。选择正确的互动目标，确保互动目标的多维性，能够让学生形成正确的价值观，能够体会到互动教学的意义所在。

互动策略的第二个特性是互动对象的多样性。传统教学模式当中，教师是教学的主体，就算教师在教学理念上相对先进，与学生之间会产生互动，但其互动的方式也多是师生之间的互动。而互动策略打破了师生互动的局限性，其不仅仅是师生之间的交流，学生与学生之间也会进行经验交流和讨论。而这种交流互动的方式被称为合作学习。在这种互动状态下，学生处于自由的环境当中表达自己对于某个知识点的看法，能够促使其更容易记住教学内容，也使学生更加善于在课堂当中表现自己。

互动策略的第三个特性是动态性，这种动态性主要体现在互动过程当中。课堂当中所教授的内容比较多样化，教学主题发生变化，原本的互动策略就无法满足教学的需求，需要根据实际情况进行变动。在不同的教学主题下为学生创设不同的互动情景，能够取得更好的互动效果。例如，教学内容比较宽泛时，教师可以与学生进行问答式的互动。而教学内容比较集中时，则可以让学生就教学内容展开讨论。教师需要根据不同的教学资料或学习途径来调整互动的方式，使互动策略变得灵活多变，激发学生的学习潜力。

互动策略的第四个特性是平等性，也就是说，在采取互动策略的时候需要保持平等的状态。无论是教师还是学生，都是独立的个体，具有独立的人格，只有处于平等的地位上，才能够拥有和谐且融洽的气氛，也才能够真正地敞开心扉来表达自己。

互动策略的第五个特性是有效性，也就是在互动目的明确的情况下，教师在课堂当中应用互动策略需要注意互动内容的合理性，并且考虑好互动的动机，确保能够有效降低课堂上的沉默概率。

二、互动策略在高校英语课堂当中的应用实践

（一）注重互动环境的营造

互动策略引导下的高校英语课堂要求教师为学生的学习创设情境，加强学生之间的互动协作，在学生之间的对话当中增加互动性，促使学生感受到互动教学的课堂效果。首先，创造一个良好的互动环境。教师作为学生的引导者，其在授课过程中要为学生做出榜样，尤其是高校的英语教师。学生学习英语主要是为了在未来的工作当中应用，而其所表达的英语口语在语法和发音上都需要有很高的水平。教师在发音的时候要确保自身发音标准，才能成为学生主要的模仿对象。而除了英语知识教育，高校的英语教师还需要教导学生做人的道理，让其形成良好的品格，在为人处世上具有更加端正的态度。教师应积极展现出自己在这一方面的人格，在授课过程中表现出和蔼可亲和知识渊博的形象，给予学生足够的尊重，学生能够感受到教师与自己之间的平等，进而愿意参与到课堂互动当中。其次，教师要激发学生对于英语学习的情感。英语学习本身就需要创设特定的语境，教师应抓住这一互动特性，让学生发现英语学习的乐趣，进而积极主动地参与到英语学习当中。教师应利用互动策略来培养学生的英语思维，让学生在互动当中掌握一定的学习策略。最后，教师需要培养学生之间的合作意识，学生与其他学生之间的交流和互动关系到其是否能够更好地理解英语教学内容。而当学生掌握了更加适合自己的学习策略时，其在对英语的心境上就会发生改变，在合作中也会学习其他人的长处，弥补自身学习上的不足。

（二）建立互动教学模式

高校的英语教学可利用互动教学模式来重新设计英语课堂。在互动教学当中，教师划分了不同的教学主体，根据不同形式的互动来采取不同的教学模式。首先，学生与教师之间的互动是最常见的课堂互动模式，在这种互动过程中，教师通常根据教学内容提出具体的问题，并且要求学生根据自己的知识积累来回答问题。也有时候是学生在学习的过程中心存疑虑，因此要求教师为自己答疑解惑。而也有一些英语教师会根据教学的需求，与学生商量和交换意见和想法，在了解学生的学习意愿之后，再进行课程设计。也有教师喜欢在与学生的交流当中采取辩论的形式，由教师抛出问题的分歧，然后教师与学生相互表达自己对于问题的看法，相互理解，最终得出问题的解决方案。教师根据自身与学生的这种互动来设计互动教学的具体方案，在与学生的沟通当中调动学生的学习热情，打破英语课堂的沉默状态。其次，学生之间也存在互动合作关系，教师可以根据学生之间的互动学习来考虑如何制定互动策略，从而达到活跃课

堂气氛的目的。教师可以采取集体研究的形式，在英语课堂当中将学生分为不同的学习小组，并且将学习任务也划分为不同的板块，让每个学习小组都承担学习任务。而小组成员在经过细致的讨论以后，能够得出学习任务的最终结论。教师也可以将学生分成小组以后，进行小组教学，让小组成员制订学习计划，确定教学方案，完成教学内容试讲，从而达到良好的教学效果，让学生都参与到教学当中。最后，竞争性的互动模式也是高校英语教学可以参考的一种互动策略，这种策略下学生同样被分成学习小组，并且分担了小组学习的任务。而在这种学习模式下，小组之间产生竞争，由教师评比哪个小组在学习任务的完成数量和质量上更好，组员之间的配合更加默契。例如，教师可以安排小组回答问题，参与辩论，从而让小组之间进行比赛，激发学生学习英语的兴趣，让学生获得更大的成就感。

（三）优化提问教学策略

课堂当中的提问是最常见的互动教学方式，也是最能吸引学生注意的教学方式。优化提问教学策略可以促进互动策略的升级，帮助教师激发学生对于英语教学内容的兴趣，改善课堂的氛围，促使课堂上学生能够相互交流互动。而学生在教师所创设的提问教学环境下，能够用英语口语来表达自己的观点，提升了学生的交际能力，也让学生学习英语的成就感增强。首先，为了让课堂提问更加有效率，教师可以在教学开始之前就考虑好要提出的问题，并且拟定解决的方案，而教师也要先安排好教学计划，让学生先了解自己的计划，进而在课上提问的时候，学生能够有所准备，能够事先就准备好需要学习的内容，回答问题的时候也更有条理。其次，教师需要把握问题的尺度，不能为了提升学生的学习水平就提出非常难的题目，这种情况不仅不会调动学生的积极性，而且可能打击学生学习英语的信心。最后，学生在被提问的时候，教师需要给予学生思考问题的时间，等待学生做好准备，从而激发学生回答问题的热情。

其实导致高校英语课堂沉闷的因素并不复杂，只要教师能够了解学生保持沉默的原因就能够提出针对性的互动策略。在对英语水平要求越来越高的社会当中，高校教师需要迎难而上，积极设计和创新自身的教学方法，拟定教学策略，鼓励学生积极响应自己的教学活动，让学生的学习达到良性循环的状态。

第四节 多维互动模式与高校英语课堂教学

随着我国教育体制的不断改革和发展，高校培养人才的模式发生了转变，高校英语教学从传统的知识灌输型教学模式，转变成注重学生口语表达与英语交际的教学模式。在众多的英语教学模式中，多维互动教学取得了不错的成效，因此本节先从多维教学课堂的重要性入手，在全面分析现阶段我国高校英语教学现状的基础上，归纳出几点构建多维互动教学模式的意见。

为顺应时代的发展和学生个性化的需求，多维互动教学模式走入高校英语教学，该教学模式以注重学生能力的培养为最终目标，分别从听、说、读、写四方面入手，全面锻炼学生的英语表达能力和写作能力。这种“接地气”的教学模式便于学生将所学的英语知识运用到实际生活中，同时为学生未来的发展奠定了坚实的语言基础。

一、多维互动教学模式简述

（一）多维互动教学模式的内涵及作用

多维互动教学模式是以学生为中心，在比较自由、对等的学习环境中，把各项教学要素（如教学设施和方法、施教者、受教者等）有机融合后的动态发展过程，以此创造出多层次、全方位、多方式的学习氛围，有利于培养学生的积极性、参与性和创造性。

多维互动式教学的作用体现在：实现师生间和学生间的平等交流和互动，改变了以往灌输式的教学方式，为教学的个性化提供了基础条件；转变以教师为主体的课堂模式，突出学生的主体地位，使学生从被动地接受知识转变到主动地索取知识，从而实现培养学生综合能力的目的；以调动学生的学习兴趣为原则，充分开发学生的潜力，实现高效的英语课堂教学。

（二）高校英语教学现状

当今社会，多媒体在教学中的应用已经十分广泛，科技的进步使得云平台、电子白板等高科技、现代化的教学资源日渐增多。不过在英语课程的具体实施方面，教师仍然是课堂教学的主体，决定着英语教学的课堂组织形式和内容。但是大部分英语教师还是按部就班地进行英语教学，信息技术仅仅作为英语教学的辅助手段，受限于教师的操作水平和应用技巧，所以现代化的教学手段并未发挥出应有的效用，教学结果并不乐观。

要开展高校英语多维互动教学就要以网络教育和多媒体为平台，借助于网络技术、多媒体技术等资源。现阶段比较流行的教学手段有翻转课堂和慕课。其中翻转课堂就是教师用小视频的方式将所要讲授的英语内容录制成视频，然后再借助于网络的优势让学生在家自主学习，针对课后习题，教师和学生可以在课堂上交流互动，共同完成。

二、高校英语多维互动教学的意义所在

多维互动教学作为一种全新的英语教学模式，它的应用和实施具有十分重要的意义，主要从以下两点入手进行简要分析。

（1）多维互动教学模式在高校英语教学中的应用，不仅使英语的实践性和应用性得到了重视，而且还突出了学生听、说、读、写、用能力的培养，既提高了学生合作、探究学习的能力，又强化了学生利用英语交际的能力，符合社会对英语人才的要求。

（2）多维互动英语教学是将整个英语教学看成一个多维动态的过程，由以往单方面的交流模式转变为双向的交流过程，将整个英语教学作为一个统一的系统，即单个英语教学活动具有统一性，以此加强师生和学生间的互动，使得教师和学生能够全程参与教学过程，给学生以丰富的语言体验，加强学生对英语的掌握。

三、构建高校英语多维互动教学模式

（一）树立多维互动教学的理念

在构建高校英语多维互动教学模式前，教师先要树立多维互动的教学理念，本着以学生为主体的教学观念，开展英语教学活动，将师生的角色互换，教师充当学生英语学习的引导者、合作者和组织者，逐步引导学生自主学习和探索，加强师生间、学生间的交流，给学生提供展示自我的平台。在多维互动教学模式下，促进学生英语应用能力和口语表达能力的提高，达到提高英语课堂效率的目的。

（二）善于整合有利于构建多维互动教学的资源

在英语教学方法方面，高校英语教师多以讲授法为主，只注重对学生进行语法知识点的灌输，却忽略了学生对语言能力的应用。同时很多英语教师在课堂上无法做到完全用英语和学生进行交流，忽略了创设英语环境的重要性，而且教师更没有认识到学生间用英语交流的必要性，教学方式还停留在应对考试的阶段，缺乏与社会实际接轨的意识。创新英语教学方式已经迫在眉睫，而多维互动教学模式在高校英语教学中的应用确实取得了较好的效果，因此要对该模式有进一步的把握，以便更好地满足学生需求和社会发展需求。

（三）善于创建多维互动的教学情境

教学情境是提高学生英语学习兴趣的前提条件。在高校英语多维互动教学过程中，教师要将生活中的情境有意识地加入英语教学中，并鼓励学生进行自主交流，充分调动学生的主观能动性，还可以将学生分成小组，通过小组合作、探讨、协商等方式实

现英语教学的多维互动，让英语课堂教学可以多角度、多方向、多层面地展开，真正形成师生间和学生间的多维互动。在创设多维互动教学的情景对话时，既要贴近生活实际，又要富于挑战而不能完全脱离学生的实际生活和学习，最终提高学生的综合英语能力。

（四）加强课内与课外教学的互动，构建多维互动课堂

传统英语课堂教学时长有限，师生间和学生间没有充分的互动时间，致使学生参与的积极性不高，所以，可以加强课内与课外教学的互动，从而有利于多维互动英语教学模式的构建。课前，英语教师可以将本节课的主题导入和重要知识点以微课视频的形式发给学生，方便学生在课外进行自主学习；课上，学生可以根据自己在课外自主学习过程中遇到的难点而有针对性地听课，这就是课内和课外的互动，换句话说，就是英语教师利用微课的形式让学生在课外自主学习，之后在课堂教师只需重点讲解学生提出的问题，这也是构建多维英语教学的一种可行方法。

综上所述，多维互动教学模式在高校英语教学中的合理运用，不仅为教师扩宽了教学思路，减轻了教师的课业负担，还增强了学生学习英语的兴趣，让学生有勇气用英语交流，使得学生的综合实践能力得到提升，同时该教学模式的应用也可以改变以往“哑巴英语”的现状。

第五节　合作学习与高校英语课堂教学

随着新课改步伐的加快，合作学习作为一种科学、高效的课堂教学模式已普遍应用于现代各学科的实践教学中。顺应时代发展潮流，将合作学习模式应用于高校英语课堂教学中对教师的“教”和学生的“学”具有双向的促进作用。本节从合作学习模式的内涵入手，通过分析合作学习模式应用于高校英语教学的重要性，探索出合作学习在高校英语中应用的有效性策略。

一、合作学习内涵及合作学习模式

一是合作学习的任务通过小组合作、分析讨论的方式完成，在讨论过程中解决各种难题。二是合作学习要求小组成员面对面地交流，以最直接的方式迅速实现合作目标。三是在小组合作氛围中蕴含浓郁的互助协作精神，有助于提高学生的团队凝聚力。四是每一个小组成员都能极大提升自身的责任感。五是合作学习基于学生能力和认知的高低合理编排小组成员。六是合作学习中教师可以直接指导学生进行技巧性合

作，提高教学效率。七是小组成员具有较强的组织纪律性，相互之间互相依赖和信任。

二、合作学习在高校英语教学中的重要性

合作学习作为一种高效的教学模式可应用于各学科的课堂教学中，教师应基于学生的个人实际、学习兴趣、情感态度和认知水平等为学生营造合作学习的广阔平台，不断推动师生、生生之间的交流互动，帮助学生降低学习焦虑感，提升学习自信心，加强学生团队协作意识。继而通过合作学习激发学生学习的积极性，达到提高课堂教学效率的目的。

三、合作学习在高校英语教学中的应用策略

（一）在高校英语情境提问中践行“合作学习”

提问能活化学生思维，启迪学生智慧，诱导学生主动思考和求知，提高学生课堂参与的积极性。因此，在高校英语实践教学中，教师有目的、有意识地创设一定的英语问题情境，在问题情境中践行合作学习模式很有必要。合理的问题情景不仅可以活跃课堂氛围，还能培养学生的积极的参与意识，提高学生的质疑、探疑、析疑和解疑能力，促使学生综合英语学习能力的提升。

（二）在高校英语写作教学中践行“合作学习”

传统高校英语写作教学理念指导下的写作教学，普遍遵循“布置题目—讲解题目—完成写作—教师批改”的教学模式，这种写作教学模式极大限制了学生主体性地位的发挥。教师成为写作教学的主体，在限制学生的思维拓展的同时，也忽视了学生的个性发展。这样的后果便是，学生写作思维堵塞，写作模式单一，用词粗糙枯竭，内容干瘪生硬，灵活性较差，继而学生厌“写”情绪激增。因此，教师应巧用合作学习提升学生的写作水平。例如，在话题作文“Smoking is harmful to us”的教学实践中，教师可以先给出关键词汇 cigarette、nicotine 等，还可以将写作中可能用到的一些语法、句型呈献给学生，然后鼓励学生分组讨论，并根据写作话题与内容列出讨论要点，继而各小组向教师汇报讨论结果，下一步开始独立写作，最后将个体写好的作文以成员互换的方式进行评改。这样学生不仅可以在互助学习中拓展知识，还能在讨论与评改中明得失，经过反复训练，学生写作能力自然提升。因此，为了学生英语写作能力的提升，在高校英语写作教学中融入合作学习模式尤为重要。

（三）在高校英语讨论教学中践行“合作学习”

高校英语教学的开放性、合作性、共享性与包容性，使讨论教学成为践行“合作学习”的一种有效教学手段。由合作学习的内涵可知，合作学习模式离不开师生、生生之间的经常性的交流与讨论，课堂讨论是小组合作学习最基本、最重要的形式，在合作学习教学中发挥着举足轻重的作用。例如，在全新版英语教材“Friendship”的教学实践后，为了加深学生对课文内容的理解、巩固与运用，培养学生的发散思维能力，教师可以设定一些与Friendship相关的话题让学生展开讨论：“What kind of friendship is everlasting?”“In terms of friendship, what enlightenment does this article give you ?”……以上讨论话题，是对英语课文内容的延伸与拓展，有了课文内容做铺垫，学生通过思考与讨论，可以很快基于课文内容与自身经历给出讨论结果，教师可以将学生给出的最有价值的结果公布在黑板上，进行鼓励与褒扬，以此来活跃课堂氛围，激发学生的学习兴趣，启发学生独立思考，积极探究。

综上所述，将合作学习应用于高校英语课堂教学中具有重大意义，合作学习一方面可以改善教师的教学效果，使高校英语课堂更富有生机与活力，多角度促使教师整体教学水平的提升。另一方面也能极大促进学生学习能力的提升。因此，作为高校英语课堂教学的组织者和引导者，教师应充分发挥自身主观能动性，运用多种途径践行个性化学习和合作学习模式，以达到提升高校英语课堂教学效率、培养学生英语综合运用能力的终极目标。

第四章 信息技术与高校英语教学

第一节 信息技术与高校英语教学的生态整合

一、信息技术与高校英语教学整合的内涵

信息技术和英语教学的整合是教育界发展的必然趋势。所谓信息技术与高校英语教学的整合就是以素质教育为主体，将信息技术贯穿于各学科教学中，从而促使学生和教师共同学习进步。具体是以教师为主导，充分发挥学生的自主探究能力，调动学生的积极性和创造性，改变传统的以教师为主体的教学方式，让信息技术成为培养学生综合能力的主要途径，进而提升学生的综合素质。

高校英语课程教学改革始终走在我国高校外语教育信息化改革的前列，课程要求着重提出了基于计算机和网络的高校英语教学模式——这是我国首次以方针性的文件明确指出信息技术在外语教育体系中的重要地位，正式提出了信息技术和外语课程整合的概念。随着我国高校英语信息化教学改革的逐步深入，高校英语生态化教学体系建设取得了一系列的成果，体现为：

（1）信息技术与高校英语课程整合后，传统"理论 / 方法 + 课程 / 教材"的二维教学模式逐渐被"理论 / 方法 + 信息技术 + 课程 / 教材"的新型立体教学模式取代，信息技术的有益补充是新型高校英语教学体系的一个重要特征。

（2）信息技术与高校英语课程整合后，教学环境变得更加真实、丰富，师生关系、生生关系以及师生与教学环境之间的关系也都在发生着积极的变化。

（3）信息技术与高校英语课程整合后，高校英语教学理念发生了变化，以教师的"教"为中心的单向灌输型课堂，逐渐被教学并重、强调培养学生自主学习能力的多元互动型课堂替代。两者的整合不仅有益于生态化教学体系的建立，更有助于我国外语教育生态系统的形态、结构和功能发生积极的调整，增强了信息技术在高校英语教学体系中的作用。

二、信息技术与高校英语教学体系的生态失衡现象

为解决教学资源短缺、师资紧张的问题，许多高校被迫扩大班级规模。如此一来，教师在高校英语教学过程中就无力关注学生的个体发展需求，故因材施教的个性化教学理念就成为空谈，违背了教育生态学的最适度原则。为保证教学效果，高校英语大班教学多采用多媒体教学模式。然而，信息技术并未真正融合于高校英语课堂之中：①教学班级庞大、教学任务繁重使得教师无力借助多媒体、互联网等组织丰富多彩的课内外教学活动；②许多高校英语教师特别是较年长的教师，受限于自己的教学理念和信息技术的操作水平，多媒体教学设施的引入并未从本质上改善其教学组织手段，“以学生为中心”的教学理念并未真正实施。在这样的英语教学环境中，知识的流动仍然是单向的，师生、生生、教学环境等生态因子之间缺乏必要的信息交流和情感互动，不利于学生的个性发展和自主学习能力的培养，影响了复合型英语人才培养目标的实现。

教学评价是所有教学设计中的最后环节，是高校英语教学体系的一个重要环节。然而，许多高校的高校英语教学评价仍采用“期末成绩 + 平时成绩”的单一终结性评价模式，忽略了计算机教学管理软件等信息技术在评价体系中的重要作用。这种评价方式存在评价主体单一、主观性强、缺乏对教学的反馈、与未来工作环境需要脱节等问题，不利于学生个体全面、和谐的发展。因此，构建生态化高校英语教学评价体系，应该改变过去单一的教学评价模式，发挥信息技术的积极作用，尊重学生个体发展的差异性。

三、整合信息技术与高校英语教学体系，维护教育生态平衡

高校英语生态课堂建设机制。作为高校英语生态教学体系的微观层面之一，个性的、互动的、开放的高校英语课堂生态体系的构建程度将直接影响高校英语教学体系的生态平衡状况。高校英语教师要善于借助信息技术打破传统的“平面”课堂，构建数字化、网络化、智能化、人性化的“立体”课堂，建立真实的语言学习环境，加强教师、学生、环境之间的多向信息流动，强化课堂学习与课外实践的关联性，还高校英语课堂以勃勃生机。

利用信息搜集工具完善高校英语教学目标。在生态化高校英语教学体系中，虽然教师和学生所处的地位、扮演的角色不同，但他们之间是相互依存、相互作用的，只有建立和谐平等的师生关系才能实现良好的教学效果。高校英语的教学目标是培养学生的英语综合运用能力、提高学生的综合人文素质，通过学习策略的培训增强学生的

自主学习能力，满足我国经济社会发展的需要。需求分析是高校英语生态教学体系构建的一个重要环节，是各环节教学活动设计的基础。通过广泛的需求分析，学校和教师可以清楚地了解社会的需要和学生个体发展的需求，从而更好地确定高校英语培养目标，为“通识英语—专业英语”的线性教学实践做好准备。以多媒体、互联网为代表的信息技术的飞速发展，为开展需求分析提供了多种途径，如E-mail、QQ群、微信群等在需求信息搜集中发挥着重要的作用。

利用信息加工工具设置高校英语课程。教师在确定高校英语教学内容时，应结合学生的专业发展需要并借助信息技术对相关信息进行加工、分析，明确英语在学生未来工作中的使用场景和任务类型，从而有针对性地确定教学内容；教师在传授基础英语语言知识的过程中，课堂活动和实践（实习）活动的组织也应该模拟学生未来的工作任务，把语言训练与技能培养有机地结合起来。各高校只有以社会的发展需求和学生的个体发展需要为基础，科学地设置高校英语课程，才能实现高素质复合型英语人才的培养目标。

总之，21世纪以来，以互联网和多媒体为代表的信息技术的飞速发展对人们的教育和学习理念产生了深远的影响，改变着传统高校英语教学的环境、师生关系，为高校英语教学提供了前所未有的发展空间。同时，这些改变打破了原有的高校英语教学的生态平衡，引发了诸多的失衡现象。教育生态学作为一门新兴学科，体现了生态学思维和教育学理论的有机结合，强调教育实践活动中各生态因子间的和谐、平衡和可持续发展关系，它为诸多教育问题的研究提供了新的视角。

第二节　信息技术环境下高校英语微课程构建

微课教学是近年来信息技术快速发展下衍生出的新型教学模式，其最大的特点在于在传统课堂中融入现代化信息教学内容、颠覆传统上课时间。在微课教学模式下，课前学生通过教师上传于互联网的资料或在教育资源网站自行下载的资料，进行随时随地的自主性学习研究，完成课前预习内容，并与不同教师、同学在网络中进行实时互动和交流，进而完成新知识的学习以及旧知识的巩固。

一、微课的特点与优势分析

（一）微课视频时间较短

视频资源作为微课视频教学信息的核心传达方式，以视频的短小、精练为主要特点。根据教育心理学理论研究发现，成年人的注意力相对于未成年人来说更容易集中，但是若集中时间长度不足，学习效果将大幅下降，严重影响教学质量。微课视频的时长普遍在十分钟到十五分钟之间，甚至更短，以便在学生注意力高度集中、精神紧张的时间段完成全部知识点和考点分析的讲解，进而实现提高教学效果和质量的最终目的。

（二）微课视频内容清晰、突出重点

微课主要是针对教学全过程中重点内容、难点内容的讲解和分析，其关键在于点位知识内容完成度高，讲解过程简单易懂，在几分钟到十几分钟的时间内将重点和难点完全呈现在学生面前，有利于学生的理解和接受。微课教学所呈现出的教学内容清晰明确，能够很好地突出重点，并通过声音、图像等差异性表达方式的有机融合，将知识点的全部过程包括细微情节全部展现出来，使学生把握认清学习重点，帮助学生答疑解惑、排除疑问，帮助教师完成课堂中难以完成的教学目标。

（三）微课视频应用便捷

微课教学的重要载体是微视频，微视频具有内容精简、时间较短的优势。通过信息技术环境下的互联网平台能够实现各种微视频的快速下载和学习，只要在能上网的地方，准备一台移动智能终端或PC端便可获得符合自己需求的微课视频，只要有互联网的地方就能完成教师和学生、学生和学生之间的沟通交流。由此可见，微课还具有高效率、便捷性等一系列优势，并且受众群体的课堂不再受空间制约，无论学生身处何处，图书馆也好、公交车上也好，均可以利用微课自主学习的方式完成学习任务。

二、信息技术背景下，微课教学模式在高校英语教学中的影响与作用

（一）激发学生学习热情，促进学生主动积极地进行英语学习

微课教学模式依托于互联网微视频，将图像、声音等各种信息传达方式结合为统一体。其一，微课教学模式能够为英语教师提供更加丰富、种类繁多的教学资源。其二，有利于激发学生对英语的学习热情和兴趣，通过视频学习的方式，弥补英语课堂中的种种不足，完成英语课堂难以实现的教学任务。具体而言，教师在以教学内容为基础组织教学互动的实际过程当中，将课堂内需要讲授给学生的知识难点、重点制作成符合学生需求的微视频，在课堂中播放给学生，改变传统教学模式中以教师单方面说教为主的陈旧方法，以新颖、活泼的视频内容吸引学生的注意力，用短短几分钟的时间将知识重点展现出来，进而为学生留下大量讨论和自我思考的时间，使学生具备充足

的时间去吸收和理解，加深学习印象。同时，教师在利用微课进行英语教学的过程中，转变传统“灌输式”的教学方法，灵活安排视频播放时间，利用微课营造良好的教学氛围，继而实现学生学习兴趣、热情以及积极性的进一步强化。随着互联网、计算机等信息技术的快速发展，网络中各种类别的视频更新速度极快，高校英语课程不再是传统意义上的灌输式教学，也不再是乏味无趣的代名词，而是汇集图像、声音、文字于一体的、特色鲜明的、有声有色的全新教学形式。微课不受地点和时间的制约，只要有网络和简单的上网工具，便可随时随地享受英语学习带来的乐趣。此外，学生在进行微课学习的过程中，如果遇到没听懂、不理解的情况，还可以将视频进行反复播放，使自身突破英语学习瓶颈，充分感悟英语语言文化的独特魅力。

（二）实现高校之间的英语教学资源共享，提升教学资源质量

微课不但改变了高校英语传统的教学模式，而且展现了各个高校英语教师的教学成果，是教育教学工作的关键组成部分。微课是展现教师思想理念与从业经验的载体，不同英语教师讲解的微课，所表达出的教学思想、教学方式、教学技巧以及教学风格均存在一定的差异。在信息技术快速发展的宏观背景下，教师利用互联网信息平台将自身制作和主讲的微课视频上传至网络共享平台当中，在为学生提供便捷的自学条件的同时，还能够加强教师与本校其他教师、外校教师甚至国外教师之间的交流和资源共享，极大程度地拓展了高校英语教学资源的数量和种类，为教师提供了更为广阔的创新空间。由于信息时代互联网覆盖范围极为广阔，英语教师上传于网络平台中的微课教学视频，随着点击量、播放量以及其他影响因素指数的不断上升，将会受到更多英语教师、英语学习人员以及社会其他领域人员的关注。反之，质量相对较差的视频将被淘汰和取缔。如此一来，英语微课教学视频资源的质量将会越来越高。

（三）总结优秀英语教师教学技巧，提高自身的英语教学水平

对于高校英语教师而言，既然采用微课教学模式，必将进行微课视频的准备工作，这也正是教师对教学内容进行再思考的绝佳时机，有助于教师以更加灵活的方式合理把控教学内容，有助于教师对教学环节的重新组织构建，是实现英语教学创新的有效举措。教师在进行微课视频制作或寻找的过程中，将对自己日常教学中存在的不足和缺点进行总结，并更加准确、完美地把内容呈现在视频当中。同时，教师也可主动学习其他英语教师的先进教学方法和技巧，探索优秀英语教师的教学思路、理念和范式，充分结合学生的实际特点和需求，最终总结并融于视频当中，促进教学实效性的提升。对于水平不同、层次不同的英语教师来说，微课教学的侧重点差异较大，对于一个刚刚

走出校门的新英语教师来说，利用微课教学模式，还可使其在归纳、制作视频资料时完成自我学习，巩固自身理论知识，学习他人教学方法，大幅提高自身英语教学的水平和质量。

随着全国高校教育改课、课程改革的不断深化与完善，高校英语教学的改革步伐被快速推进。然而，传统教育理念、思想下的英语教学模式对高校、对英语教育工作者的影响极为深刻，要想实现英语教育的实质性改革难度较大，对英语教师的教学能力、综合素养要求极高。在多重因素影响下，大量高校英语教学的改革并不能发挥出应有作用，相对于其他非语言类学科，英语科目的改革力量和成效更为薄弱。

一方面，英语教师人数和英语教学任务总量划分并不合理。在高校全面扩招的背景下，我国高校在校学习人员数量呈指数上涨，同时英语作为大量本科类、专科类高校的基础性课程，教学任务量巨大，导致我国高校普遍存在英语教师数量不足的问题。再加之扩招影响下学生素质上的差异，形成了英语教师欲想实现英语教学改革，可却有心无力的尴尬局面。

另一方面，实践教学课时不足。由于高校人数的上涨以及教师人员数量的不足，教师在教学过程中为顾全大局、兼顾更多高校学生的英语学习，被动选择以教师讲授、灌输为主的传统教学模式。学生学习英语最直接的场所就是英语课堂，但是在这样的情况下，教师和学生的英语语言实际交流练习、实际场景模拟练习等实践性教学内容开展频率明显下降，学生在学习的过程中面对枯燥无味的理论知识和练习题难以提起兴趣、无法产生热情，感受不到英语语言交流时的乐趣，教师难以将因材施教的方式应用到教学当中，不能立足于学生真实的英语水平实施有针对性的指导。因此，英语教学的质量和成效难以得到本质上的提升。

三、信息技术环境下高校英语微课构建

在国家大力发展信息技术的宏观背景下，微课逐渐普及到高等教育中的各个科目，微课视频具有内容精简、时间简短，能够准确突出重点、难点，可以重复播放、不受时间地点限制等多方面优势，能够有效解决我国高校英语教学开展过程中存在的大量问题，转变传统与改革进退两难的教育窘境，实现高校英语教师的实质性、根本性改革。

在构建高校英语微课课程的时期，需要加强微课和教学活动的结合，并融入理论教学和实践教学的各个环节，充分展现和发挥出微课的多方面优势与特点，在提高学生英语水平的同时，激发学生对英语的学习热情和兴趣。

（一）微课在高校英语教学过程中的具体时间设置

以一节英语课堂为例，可将微课教学模式分为课前、课内和课后三个不同时期。依照具体教学要求，英语教师可以选择自行录制英语教学视频，或选择在互联网教育平台中下载优秀教学视频，为学生进行播放或要求学生课后观看。对于课前教学而言，可以选择对于下节课教学内容具有引导性和导入性的视频，或者选择与下节课有关、能够激发学生英语学习兴趣的趣味性视频。

在课中微课视频的选择方面，也需要依照具体教学内容、进度进行合理安排。可立足于学生的实际学习情况和反馈，利用信息技术环境下的大数据分析技术，归纳出学生日常观看次数最多、频率最高的视频，继而在课堂上向学生展示。在展示的过程中，还需要教师对视频中的内容进行补充和完善，学生也可以随时举手向教师提问，做到有问题当场解决。利用微课模式的英语课堂，能够大幅度促进学生对英语知识点的感悟和理解，同时互动式、交流式的方法能够精准找出学生学习中存在的不足，进而采取针对性策略。在课后微课视频的选择方面，应选择能够对课堂内容进行补充、总结的视频，使学生进一步巩固所学知识。也可选择能够延伸拓展学生知识面的教学视频，使学生在观看时提出问题、发现问题，培养学生的独立思考能力。

（二）微课在高校英语教学过程中的具体内容设置

微课不仅是一种全新的教学手段，更是营造良好课堂气氛、激发学生各方面能力的有效工具。因此，教师在英语微课教学内容的选择时期，不仅要重视英语知识讲解的功能性，还要兼顾英语语言文化的趣味性，选取能够充分展现英语语言文化特征、展示英语国家风土人情的教学视频。虽然前些年的英语语法教学范式已经逐渐被淘汰，但语法依然是大量高校学生英语学习的薄弱点，所以教师在选择视频内容时，还要注重语法性知识的输入，对课堂中的语法教学内容进行补充，以声情并茂的视频讲解提升学生的英语语法水平。在微课视频制作方面，应充分考虑教学情境的带入，使学生在观看的过程中，体验到设身处地的语言环境。此外，教师也可以让学生参与到微课视频的制作当中，成为视频内容的主导者和策划人，学生以自身实际需求的角度制作视频，继而使视频内容更加贴合于学生的特点。例如，教师可以将微课视频设置成对话模式，使学生能够在观看视频的过程中通过暂停键、开始键的切换，与视频中的教师完成模拟英语语境对话，学生通过反复练习，英语口语水平、听力水平将得到有效提高。

在微课内容选择或制作微课视频的过程中，需要注意微课以点及面的延伸功能，内容绝对不能偏离教学重点，不可追求范围广、内容繁多的讲解，内容需要具有针对性。此外，为提高微课视频对学生的影响力，在制作微课视频时，教师应找准学生的心理特征，将社会实时性热点引入视频当中，或将视频内容附带一定的娱乐性色彩，从而提高学生的学习兴趣，让学生充分感受英语语言的魅力。例如，在制作微课视频时，可以将当下年轻人普遍喜爱的卡通动漫融入其中，激发学生的学习兴趣。

综上所述，随着现代信息技术水平的不断提高，计算机、大数据等高新技术涉及的领域不断拓展。高校作为我国培养应用型、复合型人才的主基地、主战场，必须与时俱进结合时代背景，将信息技术合理应用于教学改革、教学创新的实际工作中，充分结合微课、翻转课堂等现代化教学模式，合理把握课前、课中、课后三个时期，将英语教学微视频渗透其中。在合理安排课程时间和内容的基础上，激发学生对英语的学习兴趣、提升学生英语水平和实践能力，使学生带着问题走入课堂，带着问题离开课堂并通过观看视频得以自行解决，继而进一步激发学生的自我思考能力。这与我国高等教育改革的基本要求高度一致，因此将微课合理运用到英语教学当中，具有极高的可行性。

第三节　信息技术环境下高校英语课堂的有效教学

“有效教学”自从 20 世纪 60 年代被首次被作为一个学术概念提出以来，国内外学者们已经在不同的背景下做了大量研究。在国内，仅 CNKI 期刊网上以“英语有效教学”为篇名的研究论文就多达 74364 篇，其中核心期刊论文 6059 篇，以“英语教学”为标题的优秀硕士和博士论文共 2887 篇。不同时期的研究者遵从不同的教育理念、教学观念和理论视角，采用各种研究方法对英语有效教学的概念内涵、特征、影响因素和教学模式进行多层次、多角度诠释，大大丰富了人们对“有效教学”的认识。从这些研究中不难发现，所谓的“有效教学”只是一个动态的概念，是不同时代背景下人们对教学系统理想状态的期待，随着时代变迁、教育技术的进步、教育观念的演变、教研理论的发展和教育研究范式的革新，人们对“有效教学”的认识也会经历一个从量变到质变的过程。每当教育技术领域出现质的突破，人们对“有效教学”就会表现出新的期待，需要研究者对“有效教学”进行顺应时代的诠释。

随着信息技术与教育融合的不断深入，“有效教学”的研究背景已与传统研究背景迥异，课堂教学结构、教学模式与评价标准都应顺应信息化的时代潮流，人们对“有效教学”概念的认知也在不断地被解构和重构。因此，随着以互联网和移动通信为标志的信息技术与教育的结合越来越紧密，重新审视高校英语“有效教学”具有重要意义，本节旨在探索信息化背景下高校英语“有效教学”研究的主要内容和可能途径。

一、融合信息技术的高校英语课堂"有效教学"

"有效教学"概念提出于20世纪60年代西方教育的科学化运动中，几十年以来，学者对"有效教学"的研究从未停止，且随着时代变迁和教学观念的变化，研究的视角和焦点也不断变化。如，从最初只对教师的特征和品质的研究发展到对教师的教学行为和教师知识的关注，以及对教师与学生心理、行为特征及课堂生态的研究，研究的视野逐渐从教学系统的某一个或几个要素的作用扩展到对整个教学生态系统的整体关注。也就是说，学者们渐渐认识到所谓的"有效教学"不是教学系统中某一个孤立要素或几个相关要素的"部分有效"，而是作为系统的教学在"整体上有效"。教学系统中各要素相互配合、相互适应，共同维持一个健康高效运转的课堂教学生态系统，这样的教学才是真正意义上的"有效教学"。

信息技术作为课堂教学系统的要素之一，不再仅仅扮演教学辅助工作的角色，而是成为重塑系统要素关系的主角。目前，信息技术不再仅仅是内容展示的工具，更是营造学习环境、发展学生认知能力和构建学习社区等方面的工具，在此背景下，其他要素的角色和功能也相应地与传统课堂迥异，课堂"有效教学"的内涵和标准也因此需要重新定义。本节从结构、模式和评价标准三个维度构建高校英语有效教学研究框架，这种结构、模式和系统评价"三位一体"的研究框架强调教师、学生、教学内容与信息技术相互适应、协同发展，有效地促进课堂教学系统健康地发展。

二、信息技术环境下高校英语课堂有效教学研究设计内容

（一）融合信息技术的高校英语课堂有效教学结构研究

所谓教学结构是指在一定的教育思想、教学理论和学习理论指导下，在某种环境中展开的教学活动进程的稳定结构形式，是教学系统各要素及各要素相互作用的稳定关系。信息化背景下的高校英语课堂教学结构研究的关键是要探讨在信息技术广泛介入教学和学习过程的情况下，课堂教学系统要素即教师、学生、教学资源和信息媒体如何互动并促进有效教学的，即探索信息化背景下高校英语课堂有效教学的影响因素及其相互关系。

（二）融合信息技术的高校英语课堂有效教学的模式研究

教学结构研究探索教学系统要素间的相对稳定关系，是从静态的角度描述融合信息技术的高校英语课堂有效教学"是什么"的研究，而教学模式是开展教学活动的一套计划或模型，是基于一定教学理论而建立起来的较稳定的教学活动的框架和程序。如

果把课堂教学看作由教学结构、教学模式和教学策略等三个不同层次构成的复杂系统，教学模式属于系统的中间层次，融合信息技术的高校英语课堂有效教学模式则是联系信息化背景下教育思想和教学实践的桥梁和纽带，它不仅反映教学设计者的教学思想，又能直接面向教学实践，指导教学实践。

建立在信息化教学理论基础上的高校英语课堂有效教学研究，采用“基于设计”的研究路径。首先，从理论上“设计”高校英语课堂教学模式，然后在真实的教学环境中实施，以验证其效果；通过分析教学实践效果和反馈信息进行反思，并对设计进行改进；通过不断地迭代循环逐步排除设计缺陷，使模型设计臻于完善和值得信赖，从而保证教学模式的有效性。

（三）融合信息技术的高校英语课堂有效教学评价标准研究

无论是教学结构模型的探索和验证，还是教学模式的设计与完善，都需要教学实践经验和数据的支持，因此，教学效果反馈应该贯穿高校英语课堂有效教学研究的全过程。课堂教学评价体系的建立为有效教学结构和模式研究提供信息反馈和监控机制，是融合信息技术的高校英语有效教学研究设计中必不可少的组成部分。

融合信息技术的高校英语课堂教学评价有两重含义：一是以信息技术为辅助工具的教学评价，如借助信息技术平台和大数据实现对课堂教学更加准确、及时的反馈和监控；二是以信息技术作为课堂教学系统要素之一，评价信息技术与其他要素相互作用协同发展的有效性。本研究主要关注后者，即研究融合信息技术的高校英语课堂教学系统各要素是否相互配合以达到最优的教学过程和令人满意的教学结果。

对于这方面的研究，健康课堂生态理论具有借鉴意义。“健康课堂生态系统以教师教学活动和学生学习活动为中心，实现活力、组织结构、恢复力三要素动态平衡，它们分别发挥激发、协调、调控的功能，共同保障课堂生态系统的健康运行。”借鉴健康生态理论，本研究中的“融合信息技术的高校英语课堂有效教学评价体系”可以从高校英语课堂教学系统的活力、组织结构和恢复力三方面来构建，即从教学投入、学习投入、互动性和课堂生态恢复力等几个维度分别评测教师和学生这两大活力主体的能量和活动性、活力主体之间及其与教学环境互动的复杂性与活动符合对方需要的“合意度”、课堂生态在外力胁迫下维持理想状态的调控能力等。

在借鉴健康课堂生态评价理论和高校英语课堂教学特征的基础上，根据文献建构的理论构念，要想切实体现信息化背景下高校英语课堂教学的实际情况，还须征求英语教育专家、一线英语教师和学习者的意见，并与实际教学经验和案例相结合，才能使理论得到验证和完善。具体可以通过专家咨询、师生访谈、案例分析等形式收集信息，总结高校英语课堂有效教学评价维度和主要因子，然后展开实证研究。大规模的问卷调查和数据统计以及对评价量表进行实证检测，可使这些因子得到确认或修正、补充和完善。

信息化背景下，以教为中心的教学结构转变为“主导—主体”的教学结构，网络媒体不仅仅给课堂带来了先进技术，且教师、学生、教学资源、教学媒体这四个课堂教学的核心要素在教学过程展开的进程中，作用和表现形式也都发生了实质性的转变。本节在回顾以往有效教学研究历程和成果的同时，立足信息化背景，怀着对“信息技术与教育深度融合”的追求，提出了融合信息技术的高校英语课堂有效教学研究设想，即基于扎根理论的教学结构研究思路、“基于设计”的教学模式探索路径和基于健康课堂生态的有效教学评价体系的研究构想，旨在为信息化背景下高校英语课堂有效教学研究提出设想，并将在随后的研究中逐步实施和修正该研究方案，以期推动高校英语有效教学研究不断适应教育信息化发展的要求。

第四节　利用信息技术优化高校英语任务型教学

计算机网络和多媒体技术的普及，给人们的生活带来翻天覆地的变化，也为教育的发展带来契机。信息技术大大丰富了课程资源，拓宽了学习的渠道，改变了知识的呈现方式、教与学的方式，引发了教学的革新。充分利用现代信息技术，促进信息技术与课程的整合，解决传统课堂教学存在的不足，实现教学创新，提高教学质量，是每个教育工作者关心的问题。

一、任务型教学法及其局限性

（一）任务型教学法概述

任务型教学法（Task-based Approach）由英国语言学家 N.S.Prabhu 于 20 世纪 80 年代首先提出，是一种以“任务”为单位组织语言教学活动的途径。任务型教学法的基本框架以 Jane Willis（1996）提出的结构为代表：Pre-task（任务前阶段）、Task-cycle（任务环阶段）和 Language Focus（语言知识要点阶段）。

任务型教学法要求学习者在真实或接近真实的情境中，以完成任务为导向，通过目的语进行意义的创建和交流，实现对语言知识的掌握。它强调在“做中学”，让学习者成为课堂的主体，充分调动学习者的积极性，因而能够促进学习者语言技能的培养；完成任务的过程是培养学生分析问题、解决问题能力的过程；沟通与协作的同时提高学习者用目标语言进行交流的能力。因此,任务型教学法体现了“以学习者为主体”的教育理念,备受教育工作者的推崇。

（二）任务型教学法的局限性

任务型教学法具有诸多优势,因而越来越多地被应用于高校英语课堂教学之中。然而,笔者在教学实践中发现,在传统课堂实施任务型教学法并不能够发挥其全部优势,达不到应有的教学效果。问题主要体现在以下几个方面:

1. 情境创设问题

真实的教学情境具有实际意义,能够激发学生的学习欲望。任务型教学法强调,必须将真实的情境引入语言学习中,创造有效的学习环境。Jane Willis 认为,创造有效学习环境必须满足三点:让学习者充分地接触目的语;为学习者提供机会以目的语展开交流;激发学习者的学习动机。因此,教师要为学习者设计真实的或尽量接近真实的场景。然而,在传统课堂环境下,教师以口授加粉笔黑板的形式展开课堂导入,呈现方式呆板、枯燥,无法创设真实的情境,继而无法提供真实的任务,课堂气氛沉闷,结果是无法激发学习者的学习动机,不能为学习者提供机会交流,教学效果大打折扣。

2. 教学资源问题

任务型教学法要求学习者以解决“任务”为导向,开展探究活动。真实任务的解决,有赖于多层次、高质量、丰富的信息资源。然而,在传统课堂环境下,教学资源只限于有限的材料,所有学习者面对的是统一的教学资源。孤立、封闭的有限教学资源,无法开阔学习者的思路,找到解决任务的最佳方案。同时,完全一样的教学内容无法满足不同基础、不同学习风格的学习者的不同需求,无法实现个性化教学。

3. 协作交流问题

语言学家 Feez 提出,任务型教学法重视交际与意义,强调学习者在参与活动、完成任务的过程中,通过有目的的互动掌握语言。另一位学者 Nunan 认为,交际任务要求学习者在课堂活动中运用已有知识以目的语表达意义。可以看出,任务型教学法强调参与和互动,强调学习者在完成任务的过程中运用已有的目的语知识开展交流协商和意义构建,在协作与交流过程中,学会以目的语交际,实现对目的语的掌握。因此,开展高校英语任务型教学必须重视“互动”。然而在传统课堂环境下,因为课时和场地的限制,一半以上的学生没有机会表达,大多数学生基本上是独立思考或两人协商,无法充分交流与协作,不能全面完成任务,无法发挥任务型教学的优势。

4. 评价体系问题

教学评价是高校英语教学的重要组成部分。教学评价一方面为教师提供教学反馈，从而调整教学手段、保证教学质量；另一方面帮助学生了解学习情况，从而调整学习策略、提高学习效率。因此，制定全面、科学、准确的评价体系对高校英语教学非常重要。然而在传统课堂教学中，评价侧重学习结果，而不是学习过程；教师是评价的唯一主体，无法实现学生相互评价与自我评价；学生在评价中只是被动地接受评价，无法参与评价方式的制定；评价只限于书面作业和问答类形式，较为单一，无法调动学生的学习积极性。

二、利用信息技术优化高校英语任务型教学设计

（一）利用信息技术优化情境创设

通过以计算机网络和多媒体为核心的信息技术，改变传统课堂以单一枯燥的形式创设情境，融入图片、声音和影像，使得教学情境图、文、声、像并茂，以综合表现力呈现语言，创造高效的语言学习环境，变单一枯燥为形象生动，使学生犹如身临其境，变被动消极为主动积极，充分激发学生的学习兴趣。教师利用信息技术的优势，为学生创设真实、自然、与学生的现实生活和兴趣密切相关的情境，让学生多层面、全方位地充分接触目的语，以目的语展开交流，激发学生的探究欲望，促使学生积极主动地投入学习。

（二）利用信息技术优化教学资源设计

现代信息技术的超文本功能突破了书本的限制，互联网的庞大数据库将教学内容由课堂向课外无限延伸，解决了传统课堂统一、有限、封闭、孤立的教学资源问题。教师根据学生的不同基础、不同风格，将海量网络资源进行梳理和整合，开发适合学生特定需求的教学资源，设计网络学案，因材施教，既涵盖大多数学生的共有需求，控制好难度，做到难易适中，又考虑个体学生的个体需求，实现差异化、个性化教学；学生在丰富、地道的多元化语言环境中，根据自己的基础、兴趣等情况选择需要的学习资源，开展网络探究，完成任务，在这一过程中提高语言的综合运用能力，实现语言习得。

（三）利用信息技术优化协作交流

在由信息技术创建的交互式教学环境下，学习者在教师的主导下，通过电子邮件、BBS、QQ、微信等平台，完全摆脱时间和空间的限制，建立学习共同体，以小组为单位进行合作、协商、讨论，在共享集体的思维和智慧的基础上，全面、正确地理解所学知识，最终完成意义的建构。这样的交互式教学环境为每一位学习者提供条件，把每一位学习者调动起来，让他们积极主动地参与、实践，真正成为教学的主体；教师不再是

课堂的主宰者、知识的掌控者，而是学习过程的设计者、组织者、引导者、协助者、辅导者，打破传统的师生、生生关系，彻底改变传统的师生角色，真正实现“以学生为主体，以教师为主导”的教学理念，充分发挥任务型教学的优势。

（四）利用信息技术优化评价设计

通过多媒体网络环境建立动态电子评价档案，可以将学生每一阶段的学习情况，包括探究、协作活动的参与情况及任务的完成情况纳入评价的范围。动态的评价方式完整地评价出整个学习过程，确保评价的全面；评价的内容既包括学习过程、结果，又包括态度、情感；通过网络实时将评价结果进行反馈，帮助学生及时了解学习状况，调整学习方法；在教师评价之外，将学习者本人和小组成员纳入评价主体，通过自我评价使学生由被动接受评价变为主动参与评价，使学生明确学习目的，培养学生的责任感，加强小组成员互评，提高团队协作精神，自评、互评与教师评价相结合，制定合理比重，使评价结果更客观、更准确；让学生参与评价方式的制定，促进学生对学习活动进行思考，调动学生参与的积极性；评价形式多样化，成果可以是主题报告、角色扮演、设计的网站等；形成性评价贯穿整个教学活动的始终，与终结性评价相结合，使整个评价体系更全面、客观、准确，调动学生的学习主动性，成为促进学生有效学习的良好手段。

实践证明，通过信息技术优化情境创设、教学资源、协作交流与评价体系，克服任务型教学法的局限性，弥补高校英语任务型教学的不足，有助于充分发挥其优势，提高教学质量。

第五节　高校英语课中如何实现信息技术与教学的深度融合

教育信息化是我国高校教育发展的一项重要任务，其中信息技术与教学的深度融合是高校教育信息化的最直接的切入点。在我国传统的教学模式中，教师是课堂教学的中心，起着主导课堂的作用。同时，教师根据课本所设计的知识对学生进行传授，因而信息量和信息面严重受限。教师严格按照提前设定的教学计划按部就班地进行教学，学生没有选择，在整个课堂学习过程中始终处于被动地位。学生的学习积极性和主动性被忽视。因此，传统的英语教学越来越不能适应新形势的要求，必须更新观念。师生通过信息技术的使用活动，构造了新的教学环境，生成了新的教学关系，提高了人才培养的质量。

一、创设良好的语言学习环境

“注意是知识的门户”“兴趣是最好的老师”，创设一种使学生主动参与、兴趣浓厚的课堂教学学习氛围是唤起学生主动参与的前提和保证。学生在愉快而轻松的学习氛围中容易积极参与教学活动，并且能激发其内在的学习要求。学员学习兴趣的提高往往离不开生动形象的教育素材，信息技术正因为其集图、文、音、像、画、照片等功能于一体，具有形声、动画兼备的优点，所以在营造氛围方面比其他媒体来得更直接、更有效。例如在讲解 Australia 一课时，先用电脑向学员展示 kangaroo 和 koala 的视频资料，然后自然过渡到它们的原产地——Australia，介绍 Australia 的地理位置和气候，由于直观明显，学生自己就总结出了其位置关系，而且由于该课图文并茂，学生的学习主动性极高，很多知识是自己提炼总结出来的，所以印象深刻。

二、以学生为本，以教师为指导

信息技术使课堂教学变得更生动、直观。例如，教师要培养学生在阅读中筛选信息的能力，在课程中设计了让学生介绍一个国家的环节，首先教师简单地向学生演示了怎样浏览英文网站，然后给出了学生网址。最后给学生布置任务：选择自己要介绍的国家，阅读资料并筛选信息。同时，要求学生制成 ppt 或者 word 文稿，在全班进行交流。在整个活动中，学生要自己搜集信息，仔细阅读，并对信息进行筛选分析以符合教师的任务要求。最后学生将筛选出的信息进行编辑整理，形成成果。由于整个过程都是学生自主获取知识，重组有价值的资料，不仅使知识内容历久弥新，而且真正锻炼了学生的能力。课程整合的目的是让学生学会学习、学会思考，真正成为学习的主人。

三、有利于学生个性化学习和自主学习

辩证法告诉我们事物的发展是不平衡的，主体之间总是存在着差异。由于学生受社会、家庭的不同影响，学生的个性不同，学习能力也存在差异。要想使每个学生在课堂中都有所收获，教师备课时必须注意合理设置教学梯度，使不同层次的学生都能学有所得，让不同思路的学员都能体验学习的成功和乐趣。计算机和网络技术使学生能够根据自己的水平和需要选择英语学习的内容和学习方式，为学生的个性化学习和自主学习创造条件。信息技术与英语教学的融合，使分层次教学成为可能，最大限度地发挥学员的自主性与创造性。

四、促进交流合作、资源共享，发挥团队优势

（一）教师之间

科技进步和知识爆炸使每个人的知识储备和能量都十分有限。现代英语的教学模块涉及天文、地理、历史、人文、政治、环境等等各个方面，一位教师要想在短期内对所有知识都非常清楚根本不可能，而信息技术为教师之间的资源共享搭建了平台。

（二）学生之间

在整合的教学模式中可安排结对交流和学习讨论。结对交流可通过抽签、自由组合或其他方式使学生组合在一起，就学习内容、方法、资源等进行交流、切磋、寻求帮助。学生按要求创设规范的文件夹，可以互相使用搜集到的学习资源，实现资源共享。

（三）师生之间

在课程整合的过程中，教师要通过互联网和其他信息源组织和指导学生与他人合作，完成对某一课题的研究和分析，得出自己的结论或看法，并将自己的成果与他人共享。在学习的过程中，在某一方面或领域里，学生的水平超过老师是完全有可能的，这就可以极大地激发学生的学习兴趣，对老师的积累也是有益的补充，真正做到教学相长。

五、注重电脑和网络的实际应用，融合多学科的知识，体现时代特征

学生的学习离不开真实的社会生活环境，也离不开网络虚拟环境。课程整合的过程中，多媒体电脑成了学生自主学习的主要辅助工具，也是学生展示自己学习成果的主要工具。学生通过网络平台，发表自己的学习成果，锻炼演讲能力，展示自我风采。学生在网上查找、处理信息的过程中，所学到的知识、获取的信息是传统教学模式无法比拟的；学生的学习更能体现自主性，更有利于实现个性化。例如，学生在制作演示文稿或创建网站中，为获取某一方面的知识，比如“濒临灭绝的动物”，他会努力在网上查找相应的资料，读到许多原汁原味的英文文章，获得许多有关濒临灭绝动物的知识，因此既扩展了知识面，又扩大了英语阅读量和词汇量；同时，学生的计算机水平、信息处理能力也大大提高了。学生在实践过程既达成学习英语知识的主目标，又提高了处理信息、操作多媒体应用软件的能力。这种学习是自觉的、自主的，而且是探索性的。

实现信息技术与英语教学的高度融合，就是要鼓励教师广泛应用信息技术手段，充分利用现代信息技术和信息资源，改革教师教的方式和学生学的方法，培养学生探究、实践、思考和综合运用能力，最终达到利用信息技术改善学习的目的，让学生主动

参与、增强自主探究的能力。

第六节　信息技术嵌入高校英语口语课堂动态评价模式构建

随着高等教育信息化的快速发展，信息技术已深度融入教学过程当中并以惊人的速度改变着高等学校外语教学的方式。然而在实践中，应用信息技术开展课堂评价探索却寥寥无几。课堂评价中，教师采用信息化方式评价学生比例较低，而且手段比较单一。课堂评价的反馈和学习者自我调节环节缺乏有效工具的支持。因此课堂评价亟须信息技术的支持。

口语能力作为国际化进程中跨文化交流的基本能力，长期以来都是我国大学生英语能力中最薄弱的环节。造成我国大学生英语口语能力不强的原因既有传统教学模式的影响也有高校测评模式的制约。目前我国高校英语口语课堂还是以传统的静态评价为主，即标准化测验。以评价者为中心，偏重学习结果，将信息技术应用于高校英语口语课堂评价研究仍是一片空白。因此探索新的评价模式，鼓励教师应用信息技术，提升信息技术应用于高校英语口语课堂评价的效果，这对于提高整个高校英语口语教学，增强学生语言表达能力至关重要。

一、高校英语口语课堂评价研究现状

目前高校英语口语课堂评价模式主要聚焦在以下三大方面。

（一）聚焦口语考试的内容及其对教学的反拨作用

近年来该方面的研究主要针对现行口语教学与测试中存在的不足，以研究者所带班级为例，从测试角度构建高校英语口语测试体系并通过实证研究证明该体系对学生具有积极的反拨效应。作为评价手段之一的测试对口语教学具有非常重要的功能评价意义与指导价值，高校英语口语测试模式在国内高校口语测试实践中的推广，任务仍然十分艰巨，有待全面展开规模较大的实证研究，从不同视角、不同层次、采用不同的方法开展口语测试模式研究。

（二）形成性评估的研究掀起了外语教学评价领域研究热潮

形成性评估，即在教学过程中进行的过程性和发展性评估，根据教学目标，采用多种评估手段和形式，跟踪教学过程，反馈教学信息，促进学生全面发展。教育部2014年颁布的《大学英语课程教学要求》也明确倡导应用学习档案记录、课堂活动记录、访

谈和座谈等形成性评估手段来更科学更全面更合理地评价学生的学习过程和结果。针对形成性评估的研究国外早在20世纪80年代就已开展起来,并得到了政府的高度重视和大力资助。在语言测试领域处于领先地位的美国和英国,形成性评估获得了深入的研究和发展,广泛地应用于教学实践,并不断推广和完善,取得了较大的成功。在国内,形成性评估理论已趋于成熟并在评估实践中逐步开展起来。目前将形成性评估理念引入高校英语口语测评体系,既有理论方面的探讨也有实证方面的研究。这些研究主要批判了传统的终结性测试对口语教学的负面影响,一是评价测试形式单一,二是口语测评手段缺乏励志功能。进一步的实证研究证明形成性评估对于客观、全面、公正反映学生口语能力,激发学生口语表达兴趣以及学习的积极性具有一定的作用。但这些研究存在以下局限性:一是研究主要聚焦在测试的评价功能和动机激励功能,而对测试的反馈功能和诊断功能尚未有人涉足;二是借助现代信息技术发展构建高校英语口语测评体系的研究仍是一片空白。例如基于网络的形成性评估工具的开发,这也是后续研究趋势所在。

(三)动态评价理念为我国外语教学评价注入新的生机

由于传统的静态评价忽视了学生在学习中的主体性和能动性,无法科学客观地考核学生的实际能力,因此迫切需要探索一种新的评价方式。动态评价是最近二三十年在西方兴起的一种新的交互式评估理念。这一术语是由苏联著名心理学家Luria(1961)基于其同事Vygotsky的社会文化理论提出的。该理论又称学习潜能评价,是对在评价过程中通过评价者和学生的互动,尤其是在有经验的评价者的帮助下,探索和发现学生潜在发展能力的一系列评价方式的统称。这一理论在过去四十余年受到西方心理学和教育测量研究与应用领域的重视,并取得了丰硕的成果,但在外语教育领域则刚刚起步。在二语教学领域进行动态评估研究的领军人物Matthew E.Poehner在著作*Dynamic Assessment: A Vygotskian Approach to Understanding and Promoting L2 Development*中详细探讨了如何把动态评价用于解决学生二语发展过程中出现的问题。在我国,韩宝成先生最先对该理论及其理论基础——Vygotsky的社会文化理论,尤其是最近发展区概念进行了探究,综述了国外二语教育领域动态评价相关研究。在我国,基于动态评价理论的实证研究寥寥无几,主要集中在高校英语写作和课程评价领域,然而,动态评价理论在备受关注的高校英语口语测试领域除了一篇硕士论文之外尚未有人涉足。因此将动态评价理论引入高校英语口语教学评价从实质上提高大学生的口语表达能力至关重要。

二、信息技术嵌入高校英语口语课堂评价模式构建框架

借助信息技术支持课堂评价不仅仅停留在发挥信息技术的优势，而要充分考虑到课堂评价活动的特点。教师需要掌握一定的课堂评价知识，做到“教、学、评”三者相融合。本研究拟借助网络自主学习平台，尝试将动态评价引入到高校英语口语课堂教学评价实践之中，进行小规模的评估。教师适时介入学生口语课堂评价，提供诊断性反馈，帮助学生不断发现问题，解决问题。所有的评估活动以学生为中心，加强师生、生生之间的协作对话，并开展教师评价、学生自评及同伴评价。在整个教学评价过程中，创建学生电子学习档案袋，记录学生系统学习成长过程，充分体现教学与评估相融合的评价理念。

课前网络自主在线学习。教师事先将每节口语课讨论的话题、学习目标、学习内容、课堂学习形式及评价标准等制成小视频、文档或 PPT 加音频的形式上传到网络自主学习平台，并提供讨论话题的相关背景知识、常用句式及注意事项。学生可以根据自身实际情况，进行在线自主学习，明确学习目标，了解学习内容，并将自己的疑问和困难在线反馈给教师。教师在线和学生进行交流，帮助学习答疑解难，给学生提供指导和建议。同时，教师详细记录每个学生在线自主学习完成情况，将其作为学生“电子学习档案袋”的重要内容之一。

课堂小组团队合作式学习及评价。在上课前，教师将全班分为若干个小组，约四人一个小组，实行小组组长负责制。整个课堂教学在语音实验室进行。教师将具体的课堂教学任务通过多媒体形式呈现给学生，并讲解相关知识。学生在准备评价任务时，教师适时介入给予学生提示、建议，鼓励和引导学生发挥最大潜能。在学生完成任务后，教师给予评价，小组成员之间开展互评和自评，教师进一步给出改善建议。学生根据教师评价反馈和小组成员评价再次完善任务。这一环节是整个口语课堂评价的核心环节。小组团队合作式学习及评价充分体现了 Vygotsky 的最近发展区思想。教师一系列有针对性的教学和评价活动激发了学生的潜能并调动了其积极性。学生之间开展的评价和自评也是一种交流和学习的方式，能够取长补短。这一环节通过录音或者录取视频的方式记录学生的整个课堂活动，最后将其归入学生电子学习档案袋。

课后在线评价反馈。在这一环节，教师将前两个环节学生的表现加以整理、总结，并再次通过网络自主学习平台反馈给学生。学生通过教师的反馈不仅清楚地意识到自身的问题，还能看到与小组成员之间的差距，从而系统地修正学习方法，改善自身不足，不断完善进步。教师也可以借此环节完善教学方法，优化教学效果。该环节可作为学生电子学习档案袋的重要内容之一。

三、信息技术嵌入高校英语口语课堂动态评价模式实现策略

革新观念，与学生开展“互助式”对话。将信息技术嵌入语言课堂评价实践，教师的评价素质直接影响着技术作用的发挥。一方面，教师需要顺应时代潮流，革新观念，积极学习新技术，在语言教学评价中引入信息技术。同时教师还需要掌握动态评价相关理论知识，改变传统的测评观念，做到与时俱进。另一方面，充分发挥教师的引导作用。教师的角色不仅局限于知识的传授者、课堂的组织者，还应该以中介人和推动者的角色出现。通过线上、线下等各种形式与学生展开对话，关注学生的语言认知能力，推动学生最大程度地发挥潜能。

提高网络自主学习监控力度。由于网络自主学习本身的自主性和分散性，教师无法全面监督学生的学习情况，只能通过后台参数监督学生，因此需要充分调动学生语言学习的积极性，培养学生自主学习能力。可以通过实行小组组长负责制、小组成员互相监督制提高监控力度。同时从技术层面可以引入视频认证体系和指纹识别系统，节省教师和管理员监管的时间和精力。

实行学生助教制，协助教师完成教学评价工作。信息技术嵌入高校英语口语课堂动态评价之中，教师需要倾注大量实践和精力，这对教师来说是一大挑战。可以为教师提供一名学生助教，也可以实行学生助教轮流制，帮助教师收集、整理课堂教学评价电子资料。这对学生本身也是一种锻炼，更重要的是减轻了教师负担，保证课堂评价高质量地完成。

总之，基于信息技术的外语教学已经成为新世纪高等学校外语教学的主要方法，信息技术融入外语教学评价体系也势在必行。信息技术融入课堂评价有助于课堂教学中“自主”和“反馈”功能的实现。然而信息技术只是一种手段，课堂评价能否取得良好效果关键在于课堂评价的实施理念是否有助于促进学生的学习。教师需要充分发挥信息技术的优势，提高使用多种信息化评价方式进行评价的能力，同时也要避免过度依赖信息技术而忽略人在教学中的地位。

第七节 基于信息技术的高校英语听说实训体系设计研究

随着信息技术的不断发展，信息化教学已经成为高校一种新兴的教学模式。全国各高校都在积极地建设信息化网络和数据库，并广泛地应用于各科的教学实践。信息化教学以其再现真实的情境、提供丰富的学习资源以及易操作的考评条件等无可比拟

的优势，越来越多地被应用在高校英语听说教学中，将信息技术与英语听说教学整合提高学生英语听说能力已经成为大的趋势。

根据美国著名外语教学法专家 Wilga M.Rivers 的统计，在人类的言语交际活动中，听占实际时间的 45%，说占实际时间的 30%，合计为 75%，可见听说在人类交际中的重要性。2004 年高校英语课程教学要求就提出高校英语的教学目标是培养学生的英语综合应用能力，特别是听说能力。而现实情况是虽然大学生总体英语水平较高，但听说能力相对较低，存在听不懂、不敢说、说不出等诸多问题。听说实训教学相对于理论教学来说为学生提供了更多的交际环境和操练机会，成为提高大学生英语听说能力的重要途径。

那么英语教育工作者如何将信息技术与英语听说实训教学有效整合，提高学习效率和教学效果？如何利用信息技术有效提高大学生英语听说能力？基于信息技术的高校英语听说实训设计成为有待我们研究的重要课题。

一、理论基础

基于信息技术的高校英语听说实训设计研究主要以建构主义理论、输入—输出假设和任务型教学法为理论基础。

（一）建构主义理论

建构主义认为，学习者的知识是在一定的情境下，借助他人的帮助，如人与人之间的协作、交流、利用必要的信息等等，通过意义的建构而获得的。因此，信息化环境下的高校英语听说实训需要利用现代信息技术，通过生动的图片、声音、动画、视频等为学生创设仿真情境，帮助学生对所学知识的意义进行构建；教师要指导学生利用信息化网络技术进行合作学习和相互交流，实现意义的构建。

（二）输入—输出假设

克拉申认为，语言习得的关键是足量的可理解的输入，需要连续不断的有内容有趣味的大量的会话才能奏效；输入的语言材料越有趣、越关联，学习者就会在不知不觉中习得语言；输入过程中，越焦虑，输入越少，反之，则容易得到更多的输入。除了必要的可理解性输入外，学习者必须有机会使用所学语言，这样才有可能达到流利的水平，输入和输出密不可分。所以，信息化背景下的高校英语听说实训应设计连续的、足够量的、有趣的、与学生生活就业相关的实训任务，并通过网络交流减少学生实训中的焦虑和紧张，将听力与口语相结合，才能有效提高学生听说水平。

（三）任务型教学法

任务型教学法要求教师围绕特定的交际和语言项目，设计出具体的、可操作的任务，学生通过表达、沟通、交涉、解释、询问等各种语言活动形式来完成任务，以达到学习和掌握语言的目的。Willis（1996）提出基于任务的教学框架：前期任务—任务操作—后期任务。根据这一框架，英语听说实训应利用信息技术对每个项目都应设置听说前期任务、听说任务实施和听说后期拓展任务三个部分，通过依次完成这三个部分，完成听说能力的训练和英语应用能力的提高。

二、高校英语听说实训体系设计

基于信息化的高校英语听说实训设计包括实训的前期准备、前期任务的设计、实训实施阶段的设计和后期拓展任务的设计。

（一）实训的前期准备

实训前期，教师可以利用信息技术将网络资源和教材整合，精选实训的语言项目。语言项目中的听说材料需要基于学生水平，与工作岗位相关，具备趣味性、可理解性、可接受性、连续性和足够量的特点。例如，商务英语专业的学生毕业后就业岗位多数为商务秘书或商务助理，根据这一岗位和对应的工作过程，听说实训的项目可以从其求职面试开始，设计为求职面试、入职培训、电联客户、机场接待、宾馆预定、商务宴请、参观工厂、欢送客户等连续的听说实训项目。实训项目中，教师利用网络为学生提供相关的图片、音频、动画及视频，赋予项目趣味性。实训项目设置合适与否直接关系到实训目的和实训效果的实现。

（二）前期任务的设计

在每个实训项目进行前期都要精心设计实施前任务，并通过网络在该项目进行前布置给学生。实施前任务应包括与项目有关的背景知识学习、信息搜索等，并要求学生通过小组合作的方式完成，在实训项目实施前进行成果展示。通过实施前任务的完成，学生通过自主学习、合作学习建立相关图式，使其在项目实施时能够自然接受，没有障碍，提高学习效率。以上面的一个项目“宾馆预定”为例，在项目实施前，教师可以通过听说前任务单的形式给学生布置任务：第一，请用英语介绍不同的房间类型及宾馆设施，并附图片；第二，请介绍预订房间时常用英文表达；第三，请搜索预订宾馆的方法和注意事项。要求小组合作，制作 PPT 展示。任务单通过数字化学习中心等校园网下发给学生，并利用该学习中心的分组功能给学生分组，接下来学生完成上述任务,并将制作的PPT成果在班级空间展示,之后进行自评和互评。在此期间,如遇问题,学生可以在线提问,教师可在方便的时候进行解答。通过这一系列任务的完成,学生建立了宾馆预订的相关图式,在进行宾馆预订听说交际时就容易得多。

(三)实训实施阶段的设计

实施阶段是英语听说实训设计的主体部分。这一部分的设计是整个实训设计的最重要部分。在此阶段,首先找3组学生用英语对实施前任务成果进行展示,这3组应为在数字化学习中心的班级空间里得到不同评价的3组,分别为评价最好、评价居中和评价不好的,然后教师进行补充、更正和点评。这一环节对实施前任务完成情况进行了检查,起到了监督的作用,典型成果展示起到了示范的作用,同时也帮助学生强化了与项目相关的英语词汇及表达,为项目实施做好铺垫。接下来,教师利用网络收集的相关图片、动画、音频、视频等为学生创设仿真情境,利用信息化手段将真实情境再现,激发学生学习兴趣和积极性。将学生带入情境后,通过信息技术设置由易到难的多层次听力理解任务,如重点词块填空、细节信息改错等,帮助学生掌握、强化相关的词汇、词块。然后学生以小组合作的方式找出该情境的功能表达,并根据大屏幕提供不同的图片或播出不同的情境开头,再次把学生带入情境,在情境中进行仿句练习,使枯燥的仿句练习变得真实而有意义。通过仿句练习,学生操练并掌握了该情境的功能表达,为口语交际的顺利进行打好基础。最后,教师创设3个左右的类似的仿真情境,要求学生自选进行模拟表演,并录像,帮助学生在逼真情境下通过亲身体验吸收、内化并输出。在模拟表演后,学生进行自评和互评,教师进行总评,完成实训实施阶段的评价;学生通过观看和体验以及教师的总结,完成语言项目的学习。

(四)后期拓展任务的设计

信息化教学以其先进的网络技术为英语听说实训提供了实训后期进行拓展训练的更多可能,这一阶段主要利用数字化学习中心这样的校园网完成拓展任务的设计和实施。在一个实训项目完成后,可以将学生的表演录像和更多的情境表演资源上传到数字化学习中心的班级空间,供全体学生反复观看、模仿、学习、反思。巩固和强化实训实施阶段的知识,提高交际能力;可以根据实训主题,设置更多的拓展任务,如根据"宾馆预订"这个项目,设置讨论题目:"What do you think is important when choosing hotels for guests?1.location; 2.facilities; 3.service; 4.rates"。可以在班级空间上传相关的原声电影或英文歌曲,激发学生练习听说的兴趣,也给学生提供了体验原汁原味英语的机会,从而进行有意义的模仿和学习;可以在班级空间上传相关的文化视频,帮助学生了解西方文化，注意中西方文化的差异，培养学生的跨文化意识。在这一过程中，学生可以在校园网上自由讨论、发表意见、小组合作完成任务、在线询问等，不受时间、空间的限制，也没有面对老师的心理障碍，使学生的听说能力得到升华，并充分地培养学生的自主学习能力。

信息技术以其先进的多媒体技术和网络技术，为高校英语听说实训教学和学生听说能力培养提供了广阔的空间。在高校英语听说实训的设计和实施中，教师可以充分利用信息技术，整合学习资源，设置有意义的适合学生水平的实训项目，创设真实的语言情境，布置难度各异、形式各异的听说任务，进行畅通的师生互动和学生自评、互评，设置更多的拓展任务引导学生开阔视野，培养跨文化意识和自主学习能力，全面有效地提高学生的英语听说能力。

第五章 大数据时代高校英语教学

第一节 大数据时代下高校英语教学改革

现阶段人类社会迎来了大数据时代，教育大数据的到来给高校英语教学造成了很大的冲击和影响，与此同时也给高校的英语教学带来了一定的机遇，因此高校英语教学应该顺应时代的发展，积极探索改革路径。教师可就大数据时代高校英语教学改革进行探析。本文先介绍大数据时代的特点，阐述教育大数据对高校英语教学的影响，然后提出大数据时代高校英语教学改革的有效途径。

近年来我国的信息技术快速发展，互联网已经渗透到各行各业，人们的生活、学习和工作已经离不开互联网，而互联网、物联网以及社交网络的介入让数据的增长速度越来越快，大数据时代已经全面到来。在大数据时代下，人们的生活、文化和经济都受到了巨大的影响，充分挖掘和利用大数据是当前人们关注的一个热点问题。教育行业也是一样，在大数据时代背景下，教育行业也面临着改革。

随着信息产业和互联网的不断发展，各种数据的增长速度越来越快，人们的生活被各种数据充斥，海量的数据被充分挖掘和利用以促进各行各业的发展，其构成了大数据时代的要素。在大数据时代背景下，人们的思维方式和生活方式都发生了巨大的转变。大数据时代表现出其独有的特征，其具有更大的数据容量、更多的数据种类，并且数据的生成速度更加快速，往往在一瞬间就生成了大量的数据。大数据时代的数据价值密度更加分散，正是由于数据太过庞大，而其中具有重要价值的数据所占的比例比较小，数据价值密度更加分散，这使人们对有价值的大数据挖掘和利用的难度也增加了。除此之外，大数据时代下，大数据的呈现方式为可视化，人们可以通过直观的方式来观看和掌握大数据的变化。大数据时代的这些特征转变了人们的生活方式和思维方式。大数据时代的数据非常庞大、繁多，整体大于离散，海量数据总体的特性要比离散的特性更大，并且各种数据混杂，人们要想掌握事物总体的发展趋势，就要接受混杂的数据信息，而非一味追求精确。大数据时代流通着海量的数据，人们更容易获取各种数据，而这就为高校的英语教学提供了新的平台，在大数据时代背景下，高校应该正确使用这一平台来促进英语教学的改革。

一、教育大数据对高校英语教学的影响

教育大数据对高校的英语教学造成了强烈的冲击，成为高校英语教学改革的重要力量。从以往的高校英语教学来看，人们常常通过专家评判来判断一堂英语课的质量，从教师的课堂环节设计是否合理、各个环节之间的关联是否有逻辑性、教学活动的设计和教学目标是否契合、课堂上提出的问题是否有效等方面来评判一堂英语课是否成功。这种评判方式虽然看起来非常合理和科学，但是却缺乏对学生上课体验和感受的重视，一般是专家结合自己的经验来对学生的体验进行假想，总的来说忽视了学生的情感体验，而学生才是课堂的主体。要真正了解学生的听课效果，还是需要采用可靠的数据和技术来进行分析和评判。教育大数据时代的到来就取代了专家的评课，其以实实在在的数据来对每一节课的质量进行分析，教师的每一堂课以及学生的听课都会生成相关的数据，而通过对这些数据的分析，就能够了解教师的授课水平，也能够把握学生的听课效果，了解学生对课程的喜欢程度。大数据让学生的听课感受得到显现和量化，能够更加清晰地分析学生的课堂需求和对课程的学习态度，然后从学生的实际需求出发来对教学方式进行改革和创新，以取得更有效的教学效果。

二、大数据时代高校英语教学的改革途径

（一）将课上数据和课下数据融合来革新教学理念

大数据时代要想对高校的英语教学进行改革，首要的任务就是将课上的数据和课下的数据有效融合来对英语教学的教学理念和教学思维进行革新。现阶段大数据充斥着整个教育领域，课堂上教师的行为、语言以及学生的动态行为等都可以转化为数据，而这些数据都可以利用起来，为教学改革提供参考。但是仅仅依靠课堂上学生的行为和语言往往难以准确、全面分析学生的成绩以及对英语课程的态度，除此之外还要充分利用课下数据，加强对学生日常活动进行数据的分析。例如，可以通过搜集学生访问网络的数据分布来分析学生的在线学习行为，包括学生在课后是否会访问与英语相关的学习网站、一般访问哪种类型的学习网站、在学习网站上停留的时间等，进行秒级采集，并对相关的数据进行分析，同时实现课堂上以及课后数据的采集分析，对学生进行多角度和多层面的评估，以此来帮助教师更全面、准确地了解学生的喜好，把握学生的英语学习态度、英语学习兴趣以及英语学习风格等，为课堂教学活动的设计提供参考。

（二）实现教学资源的立体多元化转变

在传统的高校英语教学中，课堂教学内容主要以教材上的资源为主，教学资源比较单一，并且非常有限，英语教学倾向于各种机械训练，教师不注重学习资源输入的多样化。在这种教学模式下，学生的学习效果往往难以得到有效提升，学生的学习主动性受到打击，并且英语应用能力也难以得到显著提升。而在大数据时代背景下，教师可以充分利用网络上的各种数据和资源来丰富英语学习资源，使学生的英语学习资源多样化，拓展学生的视野，让学生多学习课本以外的知识，还能够有效激发学生的英语学习积极性，培养学生良好的英语学习兴趣。大数据时代，教师可以将大数据库中的影音、数据、图像等学习资源灵活巧妙地融入英语教学中，通过多样化的学习资源呈现方式来吸引学生的注意，激发学生的兴趣。总之，大数据时代让高校英语的教学资源更加丰富，学生不仅能够从教材中学习到固定的资源，同时还能够利用互联网学习更多的英语国家本土文化，并且可以通过视频、音频、图片等多种方式获取资源，促进高校英语教学和社会的有效结合，以此来拓展学生的学习手段。

（三）实现多种教学模式的应用

在以往的高校英语教学中，教师一般采用传统教学模式来开展英语教学，教师在讲台上讲解相关的知识，学生在座位上听讲，这种教学模式存在着多种弊端。而大数据时代背景下出现了各种新的教学模式，包括翻转课堂、微课和慕课等，教师可以灵活地将多种教学模式应用到英语教学中，以此来改革英语教学模式，营造现代化的高校英语教学课堂。翻转课堂、微课和慕课是大数据变革教育的重要体现，这些教学平台可以通过海量的数据将学生集合在一个课堂上，促进师生之间以及学生之间的有效互动，同时也能够实现学生和机器人的互动。在大数据时代，高校英语教师应充分利用各种高效的技术手段和多种教学平台。从实际情况来看，使用大数据来支持多媒体教学的英语教学已经占据很大的比例，而充分利用大数据来开展英语教学能够吸引学生的注意，激发学生的兴趣，让学生对更具有活力和更新鲜的大数据支持下的教学模式保持高涨的热情，而这也是高校英语教学的重点内容。

高校英语教师应该学会利用各种教学工具和模式为自己的英语教学提供帮助。高校英语教学的目标只有一个，那就是要帮助学生熟练掌握英语这门语言。而要实现这个目标，教师必须要利用一切可以利用的资源和教学工具，法无定法，目的只有一个，就是教会学生真正的英语本领。世界上最高的学问不是学问本身，而是使用学问的学问。教师要让学生充分认识到英语是一门实用性比较强的语言，必须在现实中经常使用，才能真正掌握这门语言。

（四）整合数据实现个性化教育

大数据时代，高校英语教师还可以整合相关大数据来实现对学生的个性化教育。在大数据的英语教学中，人们对每一个学生不再采用平均的标准来衡量，教师也不能简单地应用平均水准来教学，而是应该关注个体，实现教学个性化。现有的高校英语教学中是以一个班级为单位来进行教学的，个体需要服从群体习惯采用平均标准来教学。而大数据能够帮助教师了解学生更多、更准确的细节，将每一个学生的学习轨迹都记录下来，加强对每一个学生学习行为的分析，从而预测学生的学习难点，并针对个体提出对应的解决方案，这样就能够实现每一个学生的个性化学习，真正做到因材施教，确保每一个学生都能够得到提升和进步。

每个学生都具备自己独特的地方，高校英语教师应该充分发挥他们的特长。以前由于技术的限制，高校英语教师不能很好地实施自己的个性化教育和教学。大数据时代下，教师完全可以利用大数据的优势，发掘每一位学生的优势和不足，根据每一位学生的具体情况制定相应的个性化档案，确保每一位学生都能在自己原有的基础上取得属于自己的进步，而不是在课堂上浪费自己的时间，学习自己已经掌握的英语知识，那样的学习是没有效率可言的。

现阶段，人类社会已经迎来了大数据时代，教育大数据给高校英语教学带来了重大的影响，给高校英语教学改革提供了重要的途径。在大数据时代，应该充分挖掘并利用大数据，将课上数据和课下数据融合起来革新教学理念，并实现教学资源的立体多元化转变，不断丰富英语教学资源，将慕课、翻转课堂以及微课等基于大数据支持的教学模式灵活应用到英语教学中，丰富教学模式和教学手段，提高教学质量。除此之外，还可以整合各种数据来实现对学生的个性化教育，真正做到因材施教。

第二节　大数据背景下高校英语翻转课堂教学模式

大数据时代下信息技术迅猛发展，颠覆了传统的教学模式。通过互联网与精确化数据，课程改革与新技术不断寻求整合，产生了较好的教学效果。作为一种新兴的教学模式，高校英语翻转课堂教学具有独特的优势，同时运用过程中也表现出一些问题。本节基于大数据视角，阐述了高校英语翻转课堂模式及特征，对比了翻转课堂模式融入高校英语教学的优缺点，以及线上网络学习资源现状和高校英语教师角色转变的问题，最后从学生、学校和教师三个角度探究了优化高校英语翻转课堂教学质量的对策与建议。

随着互联网的普及，智能化、数字化技术与教育领域深度融合，翻转课堂教学模式应运而生，作为一种新型的授课模式，在大学课堂教学中的应用十分广泛。传统高校英语教学存在着不同程度的通病，导致学生学习积极性下降，费时低效，教学质量始终参差不齐，教学效果难以有重大进展和突破。在大数据时代背景下，翻转课堂符合时代特征和要求，教学资源更加丰富，分享机制日趋健全。在学校的大力支持下，成熟的网络技术条件能够充分赋予学生学习的自主权和探究权，凸显了双向性、民主性和交流性，带来了全新的教学体验，实现知识的全面内化。

一、大数据背景下高校英语教师转变角色的必要性

目前，大多数高校英语教师拥有课堂的绝对主导权，以教师直接讲授为主，学生处于被动的地位。教师是教材的跟从者和演示者，英语教学模式单一，网络技术应用不纯熟。教师按部就班地讲解课本，很少会为学生补充感兴趣的内容。教师是课堂的主讲人，久而久之成了知识的传输者和讲解者，学生在单调的语言环境下，难以身临其境地进入自己思考的空间。有些教师在课堂活动的组织过程中，甚至还在延续板书、录音机和幻灯片等有限的固化模式，不仅缺乏氛围，还会让学生产生抵触情绪，学习效果自然差强人意。而在作业本和试卷的评价环节当中，规划性和有效率都难以保证。

高校英语教师的教学定位存在诸多不足，导致教师的主体性过强，学生个性化创造力的开发受到制约，统一模式的推进无法做到因材施教。同时教师偏重知识传授，程序性知识相对较少，创新意识与时代发展日渐脱离。此外评价标准单一，依然延续应试教育的约束，导致学生实践能力严重不足。对新技术应用缺乏深度认知，新型教学模式不够普及，使得教育的定义被锁定，教学活动的开展没有考虑学生的需求以及就业。

二、高校英语翻转课堂模式

众多学者对翻转课堂的诠释并不统一，主要源于表达方式和界定角度的不同，但从实质上来讲，翻转课堂的内涵以及实施过程却趋于一致。学习知识到内化知识的流程依然是主旋律，无论如何创新，翻转的是结构而不是流程。在师生角色的转化过程中，教师向引导者身份转变，而学生的主体地位得到了很好的诠释，积极主动的学习成为常态，师生课堂交流、互动进一步深化。翻转课堂与微课等网络教育模式不同，学生吸收知识依然需要课堂交流互动得以保障。

翻转课堂颠覆了传统教学模式，重新规划了课堂内外的时间。首先遵循以学生为

中心的原则，对学生基础情况进行摸查，制作、开发和选择相应的教学资源，学生通过课前自主学习的方式，开展交互式学习机制，形成了个性化学习氛围。其次，以网络信息平台为基础，依托课堂展示学习成果，有效利用现代信息技术的价值和优势辅助学生完成知识内化。最后，师生角色和职能的转变，对于培养学生自主学习能力极为有利，不仅符合语言教学的趋势和实际需求，而且学生的积极性将会大大增加。

翻转课堂教学模式的共性在于可以按照时间维度和空间维度进行划分，其中前者包括课前和课中或课下和课上，而后者则包含网络自学或面授方式。在颠覆传统的课堂教学氛围下，学生事先借助网络平台或移动终端的智能学习工具进行自主化学习，之后在课堂上教师根据学生集中出现的问题组织合理的教学方式开展协作化教学，同时兼顾答疑和成果展示，最后完成后续跟进的评价和反馈。其中学生自主学习的重要性不言而喻，需要学生具有很强的自律性，当然教学资源要能够引起学生的兴趣和共鸣，充分考虑学生的需求，将学生作为整个课堂的中心。

三、翻转课堂教学应用于高校英语教学的机遇与挑战

翻转课堂教学模式的知识呈现方式更加新颖，利用微视频、微课件结合新知识资源，不仅更加灵活和个性化，而且精选或精心制作的课件可以有效激发学生的学习兴趣，教师重复教学的负担也得到了缓解。由于教学以学生为中心，因此形成了协作式课堂学习活动的新机制，潜移默化地提升了学生的实践与创新能力，为更加充裕的个性化学习创造条件。基于翻转课堂教学模式的教学特点分析，知识的传授主要在课前实施，在相对自由的学习环境之下，既可以满足学生的个性化的学习体验，还可以助力学生自我调控能力的生成，而且可以同步咨询求助或搜索问题的难点。此外高校英语教师综合素质较高，信息技术应用能力也是出类拔萃，拥有良好的互联网信息技术、网络教学资源开发以及快速接受新兴事物的能力。

翻转课堂在我国高校应用和推广时间并不长，尤其是在英语教学当中大范围应用并未取得广泛的实践经验成果。这一方面源自教学视频选择与制作具有不同程度的难点，需要高成本的支撑。而且授课对象是大学生群体，翻转课堂内容及制作与教学的相关性较小，简单的教学视频学生不认可，高质量具有特色、实效的系统教学视频又要花费较长的时间和精力，需要团队协作支持。另一方面，翻转课堂教学模式与高校英语教学的兼容性依然有待于进一步的研究和总结。英语学科属于文科类，考虑本学科知识的系统性与结构性，微视频的制作与其他理科类课程相比还存在一定的差距，如何设定翻转课堂的比重以及制作何种类型的微视频，都需要在借鉴过程中不断尝试和改进。

高等教育信息化是社会发展的必然趋势，而且一系列相关教育政策法规的出台，也表明了国家对教育领域应用互联网技术的重视和决心。解读教育信息化十年发展规划以及国家中长期教育改革和发展规划纲要可知，翻转课堂教学模式将会成为今后教学的主流应用形态。

然而受传统教育观念的制约，翻转课堂的开展并不会一帆风顺。其中不仅仅是教师难以在短期内改变自身的角色定位，而且学生也不会完全适应离开教师主导的自主性学习方式。颠覆式的教学模式对大学生自主学习与调控能力提出了考验，面对无人监督以及互联网的种种诱惑因素，学习效率难以保证。此外快速发展的大型开放式网络课程以及学习时间的重新分配都是潜在影响学习效果的因素。

四、基于大数据视角的高校英语翻转课堂教学模式的探究与建议

大数据时代赋予了翻转课堂线上教学新的生机，将其与传统课堂教学相结合，不仅能够集中进行针对性的交流和指导，还为学生创设了更多灵活自由的学习空间。随着高校英语教学改革的深入推进，翻转课堂教学将会得到更为优化的应用。根据高校英语翻转课堂教学的不同影响因素，从以下三个角度探究大数据与翻转课堂融合的最佳出路。

第一，学生层面。大学生应该明确自身主体角色，全力配合教师的教学行为。本着对自己负责任的态度，培养自我调控能力，积极主动参与课前的各种活动。在小组作业和讨论过程中，根据自己的实际情况，在自主学习知识内化阶段中，把握节奏完成知识内化阶段的转化。在高校英语翻转课堂教学中，学生要树立主体意识，提升课堂参与度，进行自我知识建构，形成自主性知识探究的动机与热情。如果遇到问题，要及时大胆地向教师提出，不断汲取和建构积极的学习体验。在线上教学中，学生还要及时督促和管控自我，应明确学习目标，培养良好的意志力，设计和执行科学合理的学习计划。加强小组沟通与协作，拓展和延伸混合式教学模式，营造团结、互助和友爱的协作式学习氛围。

第二，学校层面。高校要为高校英语翻转课堂教学提供坚强的后盾，提供大量设备精良的现代化教学设备，同时引入多元化的资源平台，加强校园网络的流畅性。一方面，要特别注重重塑教育观念，打破传统教育观念的束缚，从学校指导层面引导教师更新教育观念，采取多样的协作式课堂完善线上教学平台。由于目前高校英语翻转课堂教学还处于起步阶段，很多平台还需要进一步开发和完善，为此要提升功能的可操作性和易用性，采取多种途径加强平台建设投资，完善平台的功能。另一方面，确保快速且顺畅的网络功能，为学生增加互联网接入口的数量，继续提高校园网络宽带，为开

展线上网络教学提供保障服务。

第三，教师层面。高校英语教师要在提升自身现代教育技术能力的基础上，加强对学生课前学习的掌控力度，在课前环节确保学生能够取得良好的学习效果。众所周知，课前学习效果对于英语翻转课堂具有不可替代的重要性，为了保证课堂教学的有效性，需要列出课前任务单，督促学生对照评分标准及时完成。教师应该针对学生的心理投入、努力倾向，实施个性化的线下教学。在视频和课件制作环节，要根据学生现有的发展水平，设计科学合理的问题和任务，把握好题目的难易程度，使学生可以获得积极的自我效能感。与此同时，教师要继续提升现代教育技术能力，做好教学评价方式的完善工作，利用QQ、微信等社交工具对学生情感、态度进行鼓励性评价，和谐的师生关系有助于取得更好的教学效果。

总之，随着大数据时代的到来，高等教育信息化已成为必然趋势。高校英语课程教学应该与时俱进，积极引入翻转课堂教学模式，明确自身主体角色，调整线上资源分值比重，完善网络学习硬件设备设置和课堂评价机制，增加与考试有关的练习题，激发学生课堂参与的积极性，有效监督指导学生进行自主学习。教师应找准定位，提高对翻转课堂教学的驾驭和掌控能力，重视以人为本的理念，尊重学生的个性和认知，综合考虑各方面的因素，形成具有感染力、凝聚力的教学机制，避免课堂模式流于形式，强化线下课堂师生互动效果，有效弥补传统教学模式的不足，提高课堂教学效率与质量。

第三节　大数据背景下高校英语网络空间教学行为的优化

在以网络空间教学平台为媒介的数字化教学中，教育技术不应成为实施数字化教学的壁垒，而应该为教师数字化教学和学习者个性化学习提供良好适宜的环境。教师的教学行为，体现在教学资源的优化、教学过程的实施、教学处方的开设等方面。教学行为的优劣决定了差异化教学效果的好坏。教师的教学行为对英语学习者的学习行为、记忆行为、表达行为产生显著影响；学习者学习行为的不断优化，使其个性化学习成为可能；师生交互行为能更好促进教师教学行为和学习者学习行为的优化，从而实现教师教学效果和学习者学习效果的提升。

随着网络教学的进一步运用，网络教学已经经历了“以技术为主的单向传递”1.0时代、“以教学论为主导的双向互动”2.0时代、“网络教学论为主导的全方位”3.0时代。随着大数据技术在教育领域的发展，网络教学即将进入“以数据分析为主导的立体化”4.0时代。以数据分析、教学运用、“教学处方”开设等为载体的教学行为、学习行为、教学管理行为将发生各种变化。

一、教师教学行为：差异化教学的前提

英国学者维克托·迈尔舍恩伯格在《大数据时代》一书中指出："大数据是人们在大规模数据的基础上可以做到的事情，而这些事情在小规模数据的基础上是无法完成的。教师利用大数据分析结果，可以根据学生的个性化需求定制教学内容和进度，帮助教师找寻最高效的教学方式。具体落实在英语教学上，教师的教学行为包括教师的观测行为、设计行为、分析行为和评价行为。

（一）观测行为：相关关系的发现

教师进行教学反思时，总是试图寻找学生英语学习没有取得进步的"原因"，这种反思往往关注的是事物的个体特征，而大数据分析往往看到的是事物之间的相关关系。教师对学习者行为的"观测"，并非在于关注"怎样学得最好"，而应关注具体的学生的行为，以及这种学习行为与学习效果之间的关系。教师根据学习者的各种学习行为特征将学生进行分类，并根据不同类别的学生，跟踪他们在网络学习空间的行为，观测他们学习不同资源和具体知识点的顺序和效果，利用资源的时间点、访问资源的频次、学习的集中时间段、学习者语音或词汇出错频次等数据来找寻学习行为与个性化学习效果之间的相关性，得出一些关联规则，并对学习者行为进行概率预测与分析。通过对实验班级学生高校英语课程学习行为的关注，我们发现：英语学习者学习英语的有效程度与学习者的母语程度存在相关性；女大学生在英语学习中表现得更出色。如果教师在教学实践中更多关注这些特点，根据不同学生学习特点来上传不同学习资源，分配不同学习任务，学生才能根据自身学习情况选择合适资源进行有效学习。教师在教学中需要及时"观测"学生在课堂内外的表现，抓住学生的有效学习，并积极鼓励学生参与教学活动，根据学生的反馈程度进行教学设计的调整与教学方式的改变。教师只有从日常教学实践中不断观测—反思—实践，才能实现自身专业成长，帮助学生不断提升自主学习能力。

（二）设计行为：实施教学的核心

教学设计行为是教学理念的综合体现，是教师教学方法调整、教学反馈执行与课堂教学管理改变的集中体现，是实施有效教学的核心要素。何时上传何种教学资源，课堂教学如何展现，作业布置形式等都需要教师进行精心设计。目前使用网络学习空间开展教学的部分教师还停留在海量数字资源上传的"初级阶段"，教师个人空间存在"僵尸资源"，空间运用存在资源堆积、课程设计缺乏等问题。而通过大数据分析，可以

发现哪些资源没有被启用，哪些资源被学生访问的频次高，便于为教师后续资源推送提供参考。

教师教学实施中资源被运用的频率、教师“诊断”学生会话中存在的“学习盲点”并开展有针对性的教学活动状况、教师批改作业的频次与及时性等状态数据在教学空间中留下的“轨迹”，是教学管理者对教师评价的重要参考依据。教师通过平台后台数据可以观测学习者的学习状态，从而为不同学生推送个性化学习资源，开设有针对性学习处方。教师可以根据学生出错频次进行教学设计的改变，教师对空间的设计能力直接影响教学实施的效果。教师通过对学生网络学习空间资源的数据信息的整合和分析，可了解学生个性化成长轨迹，为后续资源建设以及教学设计提供有针对性的建议。

（三）分析行为：预测规律的基础

教师只有运用大数据思维来尽其所能测量、检测学生的学习行为，才能更好发现学生做什么才最为有效。教师只有成为学生成长过程的合作伙伴，找到学生与学习行为之间的连接点，才能更好为学生推送有价值的学习资源。教师根据学生在课堂教学中的表现，利用空间动态化数据分析教学实施和教学处方开设过程的可能性规律，为向不同学生推送个性化学习资源、开设有针对性学习处方提供参考。在实验班教学中，我们发现:教师上传学习资源的时间影响资源被启用的程度。通过对这一现象的分析，发现：学生学习时间与教师空余时间的不一致导致教师上传的资源没有被及时启用。教师需要通过对这些显性数据的分析来发现学习者的学习动机，并对这些现象进行归因,以找寻更有效的学习方式。

（四）评价行为：实施反馈的前提

空间学习活动“观看视频”时长、在线测试情况、参与互动频次等学生留下的学习行为痕迹是教师对学生学习过程评价的重要依据。教师对学生学习行为表现进行合理、客观的评价是课堂教学活动有序开展和引导学生自主学习的重要条件。网络空间学习的评价不仅关注学生学习的参与程度、专注程度，更关注学生在交互活动中参与的频次与效果。教师教学评价的结果及效果与评价标准的合理性和评价执行过程的客观性相关，评价过程不合理势必影响评价的结果。尤其是小组协作完成作业时，如何界定小组成员合作的程度，如何根据小组成员的不同表现进行评价会直接影响小组协作的积极性与有效性。通过网络学习空间实施的评价更能做到“用数据说话”，教师教学评价对学习效果呈正相关关系，起引导、激励、监督作用。研究表明，评价结果的使用也会直接对教师的课堂教学行为产生积极或者消极的影响。

二、学习者学习行为：个性化学习的体现

不同类型的学习者学习不同资源和知识点的顺序和效果不同，通过对学习者在空间留下的“痕迹”，可以分析出学习者利用资源的时间点、访问资源的频次、学习的集中时间段、语音或词汇出错频次等，通过这些数据可以了解学生个性化的成长轨迹，为教师后续资源建设以及教学设计提供建议。

（一）聆听行为

与传统教学模式相比，网络空间教学能够全面记录、跟踪不同类型学习者的不同学习需求、与听力训练的情况，教师可以根据学生的已有学习基础和在网络空间的学习行为，了解学生动态化的学习轨迹。通过可视化的数据分析，教师可以得知学习者听力训练中的答题情况及答题过程，从而有助于教师在以后教学设计中进行针对性的强化训练。在课堂听力教学中，学生与教师之间的互动关系为听力材料播放—听力材料理解—听力练习答案核对，不同层次学生的听力水平与听力需求差异较大，却无法得到个性化的指导。利用大数据与算法将搜索数据与个性化需求相匹配，能够发现隐藏的学习行为信息，教师通过这些行为的相关数据进行预测或干预，并用于教学评价与反馈，能有利于学习者听力水平的提高。

（二）阅读行为

空间阅读教学设计中“课前学习—解决问题—课堂互动—课后作业与检测”一系列的教学行为活动形成了“催生疑问—解决疑问—应用知识”的学习过程链。大数据分析通过学生完成阅读任务的先后顺序来判断学习者对文本材料的理解程度，也可以对学生阅读理解思维进行“跟踪记录”，了解学生的阅读习惯。在课堂教学中，教师需要对学生的阅读状态进行关注，观测学生注意力是否集中，阅读理解的目标是否达成，课堂教学中的阅读任务与空间阅读作业的完成状态是否匹配。已有的数据分析表明，学生获取阅读材料的主动性不高，而更愿意阅读教师上传的阅读资料，且学生更愿意阅读与应试相关的材料。大多数非英语专业学生并没有每天阅读的习惯，通过“打卡式”阅读学习任务单的形式更能帮助学生建立良好的阅读习惯。教师可以通过大数据分析结果，找到学生阅读中的“共性问题”，并进行及时反馈。

（三）记忆行为

对于英语学习者而言，词汇的记忆是影响听力、阅读、写作的主要因素，据研究发

现，教师的基本语言知识与阅读教学能力相关，其中最突出的表现为：教师的词素意识最能反映其教学能力。英语学习与其他学科的学习一样，不仅需要投入学习的时间，还需要不断反复。教师在教学中运用信息技术手段能激发学生兴趣，激励学生积极参与小组活动讨论，通过组间竞赛、小组截图贴图、小组展示、教师点拨等环节的活动，构建多层次的反复互动，巩固学生已有知识，帮助学生记忆词汇。大数据时代，通过网络学习平台，学生可以轻松获取常用词汇在高校英语四、六级考试中的出现频次，一些学习软件还提供了词汇在句子中如何运用的小视频。在实际教学中发现：教师对词语使用频次做了统计，提供了词语使用频次数据，学生掌握得更牢固；教师提供了词汇学习小视频，学生的学习兴趣更浓厚。因此，在教学中，教师可以充分利用这些数据，分析出学生感兴趣的学习内容和最有效的学习方式，在教学设计时，尽可能利用大数据技术，丰富高校英语课堂教学技巧，为学生营造良好的学习氛围，以提高学生高校英语学习的兴趣。

（四）表达行为

教师最大的教学智慧不在于展示自我表达能力，而在于唤醒学生运用语言知识进行自我表达的欲望。英语口语表达能力的提高很大程度上依赖于学生课后自主学习的时长和效率。据研究发现，学生在认知与情感方面的自主性较高，而行为自主性最为欠缺，且学生之间的行为自主性情况的差别也最大。学生英语口语表达能力的提升需要在课堂教学中进一步强化，教师应更多关注学生在课堂教学中的参与状态：小组成员是否全员参与讨论，小组汇报是否成员间轮流进行，小组汇报效果怎样，各小组表达中存在的个性与共性问题。在实际教学中发现：小组活动中，经常进行展示汇报，积极进行质疑，主动发起讨论的学生的口语表达能力提高程度显著。口语表达能力强的学生更愿意积极主动对小组成员或对其他小组表现进行评价，且其评价相对更客观。积极参与留言讨论并及时完成空间学习任务的学生书面表达能力更强。因此，教师应通过平台及时收集学生常见的书写表达问题，将这些“学习证据”进行分析归类后，在写作教学中进行反馈与强化。

三、师生交互行为：教学效果的彰显

学习者与教师的互动行为体现在他们参与空间互动栏目的程度、参与互动交流的时间点和频次等方面。通过对教师教学轨迹、学生学习轨迹、学生空间测试数据、学生活跃度、阅读量数据、听力训练数据等之间关联规则，能发现教学过程中师生互动行为与学习者学习效果之间的相关性，从而帮助教师了解师生交流的最有效途径与时间

段，为教学效果的提升提供参考。

（一）师生互动

正如世界著名教育家、哲学家弗莱雷所言："真正的教育不是通过'A' for 'B'，也不是通过'A' about 'B'，而是通过'A' with 'B'。"师生互动是语言类教学的基本范式。空间教学使得师生互动更加便利，不受班级规模的影响，能根据学生个体实施互动交流。空间教学实现了课堂内外的"翻转"，其基本目的是满足学生个性化的学习需求，让学生得到个性化的教育，理想的翻转课堂实施的是真正的差异化教学。大数据通过对师生互动交流的时间段、交流频次的分析，发现不同类型学生自主学习的规律和进度，更有助于基于个体的师生交流。研究表明，在教学活动中构建愉悦的课堂氛围，能提升学生与课程、学生与教师之间的情感联系，实现良好的教学效果。师生之间通过教学空间突破时空的限制，最大程度调节学生的学习投入。新时代大学生在"面对面"课堂会由于羞于表达，再加上班级人数限制等问题，师生互动受限，而空间在线交流能突破时空的限制，增加学生表达与师生互动的机会。教师可以根据学生在空间平台互动"学习轨迹"和课堂教学中师生交往状态的大数据分析结果，找到学生自主学习和互动交流的规律，选择更合适的交流时间段，调控共同探讨交流的机会，这样能更好地提高师生互动交流的效率。在情景学习和协作学习活动中，师生互动效果更好。师生互动程度高的班级，学生进步程度更显著。与教师互动频次多、小组活动中展示频次多的学生进步幅度更大。当师生互动停留在简单的"提问"与"答问"阶段时，学生的思考少，进步空间较小。通过对高校英语课堂观察发现：师生间的"讨论式互动"比"提问式"更能激发学生兴趣；课前有空间互动的班级在课堂讨论中学生更能积极参与；教师"开放性"的提问比"封闭性"提问更能引导学生积极思考。师生互动应集中解决"线下课堂"中出现的关键问题，构建深入讨论的情境，开展师生间的多向互动，实现有效互动。

（二）生生互动

空间教学的开放性和互动性，使得学生之间的交流时间和空间更加灵活，课堂教学活动得以延伸，学生在课堂上没有理解的内容在课下可进行深入交流。在课堂教学中，学生与教师的互动积极性较差，他们更愿意选择"线上"交流方式。空间教学平台为学生间的互动提供便利，为那些遇到问题却不愿意主动求助于教师的学生提供更多交流机会。可以说，空间教学使"你问我答，有问必答"成为可能，在真正意义上使个性化教学、异步教学在空间教学平台得以彰显。大数据通过对"留言板"和"讨论区"中的文本进行分析，根据关键词的出现次数来确定学习者类别，并进行人工编码。教师可以根据大数据分析结果，提炼教学重点和难点，在课堂教学中进一步强化。通过实验班教学实践发现：由学生主导的讨论，学生参与的积极程度较高。在“作业布置”环节中，学生讨论程度高的问题多是学生感兴趣的话题或者教学中的重点与难点问题。同伴之间的交往程度高，学生的学习程度则更好。在网络空间教学这个大系统中，同伴—教师—学习资源各要素需要相互协作,才能发挥其最大效能。

（三）师师互动

大数据下的“合作性”学习可以是师生组合、学生组合，甚至可以是师师组合。教师通过网络学习空间可以共享“云资源库”中的教学资源,并通过“教研苑”“我的教研室”进行教学问题研讨。教师间的互动除了教学经验分享、情感交流等显性交流外,还包括教学理念、教学方式的相互影响等隐性互动。教师间通过互动能强化教学反思，帮助教师构建自己的教学观,形成个人教学风格。教师互动受“群体互动”环境的影响，能促进个体专业发展和群体凝聚力。网络空间学习平台使教师间的互动突破了过去面对面教研室讨论的局限，使教师可以跨院校进行研讨交流。教师互动的优化是教师自律文化形成的关键，是构建教师“专业学习共同体”的必然趋势，是教师专业成长和教学风格形成的一种有效途径。目前网络空间平台中教师间的互动需要突破显性互动,而需要构建教师互动共同体,在教师间开展更深入的关于教学理念的变化、情感态度的体验等隐性互动。教师间的行为互动逐步转化为心灵的互动，从而达成教师间的理性交往。网络空间互动能使两人间的互动转化为多人互动，引发更多人的思考，呈现多角度的交互性。大数据时代的教学设计可以集教师集体智慧，实行“众筹教学”，让教师间的教学设计、教学过程、教学反思、教学反馈在不断交流与碰撞中得以最大程度的优化。

四、高校英语网络空间教学行为优化策略

教师通过对学生的多维信息坐标体系的观测，实现了“教学资源的精准匹配—个性化教学设计—差异化教学处方—有教学行为痕迹的教学过程—动态化教学评价—针对性教学实施—客观性教学记录—新一轮教学设计”这一教学模式的良性循环。

（一）采取大数据思维进行精准教学设计

教师在教学过程的各种行为，包括何时提问、何时讲授、何时开展小组活动以及何时创设情境等都直接影响学生的学习效果。而这些行为都需要教师进行精准化教学

设计。信息化时代空间教学过程的动态性及复杂性，使得课堂教学的不确定因素增加，教师的教学设计不能遵循某一既定模式。有针对性的教学设计能使教学过程更生动有趣，学生的创造性思维能得到更好发挥。

教师可以通过教师和学生在空间的“活动数据”记载情况，实时掌握教师教学实施情况和学生学习情况，根据学生的反馈行为灵活调整教学计划，并在教学过程中根据班级不同特点设计个性化内容。空间教学设计容易使课堂中出现教学设计之外的问题，教师若能捕捉或创造更多这样的机会，学生的参与程度与学习效能也能得到提高。大数据思维能帮助教师看到“云空间”中庞大的数据，而且可以对数据进行聚类分析，呈现数据之间的相关性，从而发现事物与事物之间的关联。教师在小组活动设计环节时发现：在学习合作小组展示中，性格外向型组合愿意以“情景剧”表演的方式呈现，性格内向型组合愿意以“一问一答”的方式呈现，英语基础薄弱的小组更愿意讲解单词与词组。因此，在下一轮教学设计中，教师应尽可能照顾到不同组员的特点，鼓励小组成员间和小组间的相互交流与合作，以更全面地锻炼学生各方面的能力。教师只有做到以“数”为“据”，才能及时掌握学生的学习任务完成情况和后续教学重点和难点，才能进行精准的教学设计。

（二）利用大数据预测结果完善差异化教学过程

教学过程是师生心理活动的过程，空间教学加快了师生交互作用的进程，教师教学任务的设计可以通过学生空间“访问痕迹”和“留言痕迹”得以实时反馈。教师对教学知识点的安排以及教学进度的安排可以学生的“个人学习数据”为依据，及时收集学生的知识学习“盲点”。教师可以通过回看、反复浏览学生数据来分析学生普遍存在的疑难问题，也能发现部分学生的个性问题，并对不同学生的行为进行分析，预测学习者的学习规律。比如，教师通过学生上交作业的时间分析预测学生最有效学习的时间段，并根据他们的特点调整作业任务。教师可以根据小组作业贡献度排名来判断小组协作中各成员情况，并根据一段时间表现来分析并预测小组合作效果，从而适时调整小组合作的形式和作业呈现方式。教师利用大数据预测结果，能促使教学设计、教学过程、教学反馈、新一轮教学设计这一循环过程中产生积极效应。教师根据学生对教学资源建设、互动讨论的参与程度，来判断学生的学习进程和学习效果，从而在课堂教学中开展有针对性的教学。在实际教学过程中发现：英语学习基础差的学生更不愿意完成书面表达作业，在此类型作业花费的时间较少，也不愿意在课堂上主动发起提问，英语学习提高幅度较小。教师对这类任务完成情况不高的学生实施教学干预，有针对性布置挑错任务等，让学生从自己常见的表达错误入手，来逐步改变英语表达习惯。

在教学的不同过程与阶段，学生的学习行为都会留下一系列的“个人数据”，数据与数据之前相互联系与影响，形成该课程教学的“系列数据”。课前采集的数据，是课堂有效教学的基础，课中、课后采集的数据，既是调整教学节奏、开展个性化辅导的依据，又是因材施教、推进分层教学的证据。以数据分析为基础的空间教学促使教师教育教学从“经验主义”走向“数据主义”，使课堂教学从关注“宏观群体”向关注“微观个体”转变，让课堂教学发生在每个个体身上，使差异化教学成为可能。

（三）根据大数据反馈行为开设针对性学习处方

空间教学使得师生之间的“庄严感”弱化，在“寻找”与“探索”中得到更多探究知识的乐趣。学生在师生关系中逐步告别“聆听”，开始走向“质疑”；学生对于知识的态度，从“理解”转向“反思”；学生对于教学方式从“适应”教师转为对自我认知的“超越”，在学习方式上，学生的“体验”要比教师的“经验”更加重要。在这种教师与学习者行为转变的背景下，教师对于个性化学习的指导，需要强化学生的发展性思维、反思性理解力、体验性认知等方面。教师根据学生空间的“浏览痕迹”可以得知学生对不同类型资源的浏览频次，了解学生对学习内容的喜好程度，从而及时推送、更新学习资源。教师通过课前学习资源被访问的时间，学生完成学习主题“lead-in”问题的时间和答题情况，可以得知学生对知识点的掌握程度。课中教师可以根据学生“group-work”活动反馈出的问题进行强化训练，并进行及时测试，收集学生的掌握情况。课后学习作业提交时间、答题情况等为下一模块的学习和讨论提供了训练依据。

在实践教学中，教师发现某些班级学生课前自主学习完成情况较差，课前“lead-in”问题主观题完成人数不理想，课中“group-work”汇报人总是集中在少数人身上，课后作业完成中的错误“雷同率”较高。教师通过一段时间观察与课后交流发现，该班学生英语学习基础薄弱，对于教师以“自主学习”为指导的翻转课堂方式很不适应。这些学习行为特征为教师下一步教学方式的改变提供了及时反馈，在教师积极引导下，学生英语学习习惯逐步改变。教师从一学期“课前”“课中”“课后”系列学习行为和学习习惯中可以找寻不同学习任务和不同教学环节学生的学习规律和特点，从而采取不同的教学方法，设置不同的教学任务，让学生形成良好的学习习惯。

（四）实施大数据关照下的动态化教学测量

大数据之大，不仅仅意味着数据之多，还意味着每个数据都能在互联网上获得生命，产生智能，散发活力和光彩。大量实时的数据使课程评价与教师教学评价中的“让数据说话”成为可能。对课堂教学中的所有数据进行统计分析，并实施及时反馈，能实现教学测量的过程化、动态化与精准化。大数据分析能直观呈现学习者的学习轨迹，这种及时有效的反馈能帮助教师强化学生的学习行为，激发学生自主学习动机，为进一步教学实施提供参考。大数据时代的教学评价以数据为基础，呈现多元化、动态化等特征，然而教师不能过度依赖数据，将数据当作行动指南会导致学生的很多潜能常因为没有“药引”而未被激发出来，大数据只是教师找寻学习行为与学习效果相关规律的一种技术手段。

每个教师根据学习者行为特征采取的教学设计的调整以及教学资源的更新，在空间所留下的“痕迹”构成系列小数据，学习者参与程度、互动情况在空间所留下的状态数据也是大数据的一部分。因此，教师在进行教学测量时，需要关注数据的动态性：各协作小组发言积极程度的变化，小组成员参与程度的变化，学生学习能力与初始测试的变化幅度，学生作业的平均值等。而不是将一次测试成绩作为测量学生学习效果的依据。

面向未来的教育，不同于工业化时代“大规模批量生产”的人才，而是要更加关注学习者的个性化学习能力的提升。基于大数据的学习行为分析，及时记录学习者学习过程，根据学习者的不同特征进行个性化学习资源推送，是未来英语教学改革的可能趋势，既符合数字化时代的特征，又是未来可持续发展空间学习生态的重要标志。

第四节　大数据对高校英语教育教学的影响

随着世界经济一体化的到来、信息技术的高速发展，尤其是互联网及各类移动终端的普及把人类带入了一个几乎涵盖所有行业的大数据的时代。大数据时代的到来使高校英语教育模式发生新的变革，无论是教学形式、学习行为，还是教学评价、教学理论、教学资源以及教学评估等方面都随着大数据的变化而做出相应的更新、改进。笔者结合实践教学活动，从大数据对现代英语教育的影响进行了探索与研究，并提出了相关优化措施。

在大数据时代，高校英语教师面临新的挑战。传统英语教学模式受大数据的影响与冲击，已经逐渐转变和改进。数据的集中以物联网、数据库技术、云计算等综合技术的成熟为基础，数据是过程性和综合性的考虑，它更能考量真实世界背后的逻辑关系。高校英语教师在大数据相关知识的整合、教师职能与角色的转变、学生主体个性化发展与变化、新型教学设计和教学评价等方面面临着巨大挑战。如对一个学生英语考试成绩的研究，可以依靠大数据进行分析，综合考虑这个学生的努力程度、学习态度、智力水平等数据，这些数据正是学生所得分数的正面反映，教师可以根据数据对学生进行相应的教育和帮助。但是需要教师具有相关的知识储备和大数据整合能力。教师要适应大数据时代高校英语教学改革的趋势，加强大数据整合能力的培养以适应个性化教学的需求，改进课堂教学模式和方法以切实提高学生的英语应用能力，提前做好自我准备以适应高校英语教学的一系列变化转型，参加相关培训和研修以提高自身的教学和科研水平。

一、大数据时代教学方式的特征

传统教育模式是随着工业时代经济发展过程中集中批量生产的模式产生的，其主要特征是有标准化模式：集中教学、教材统一、教师的主体地位不可动摇、课堂有时间限制等，这些教学方式兴盛于工业化时代，并且为当时社会培养了需要的人才。相比较这些特征，大数据教育更倾向于弹性学制、随时随地在线和多媒体教育、个性化辅导、多师同堂、家庭学习等模式。大数据具有非结构化、分布式、数据量巨大、数据分析由专家层变化为用户层、大量采用可视化展现方法等特点，而现代网络环境下的大学教育会更加个性化、开放化、数据化、人性化、平台化，两者正好可以相互融合和适应。教育除了是社会学科外，也将变成有数据论证的实证科学。互联网技术在教育中的应用越来越广泛，作用也在不断增加，与以往相比，一定程度上减少了教师的工作量，但是教师的比例并没有相应减少。这主要是由于大数据虽然很大程度上促进了教育的发展，但新事物的产生总要经过反复的实践，必有其不足的一面，如大量信息垃圾的出现，学生如果分辨不清，随意应用反而会造成负面影响，因此需要更多的教师进行指导。不过教师和学校的定义和内涵需要重新定位。目前，仅就知识传播而言，教育资源正在经历的是平台开放、内容开放、校园开放的时代，这是前所未有的。

二、大数据时代的英语教学中要进行的相关优化

（一）英语教师要引导学生形成互动、互助的学习状态

高校大学生来自我国的各个不同地区，生活习惯和学习观念会有很大差别，而且大部分学生在整个中学阶段，受各种学业压力的影响，形成了独立学习、对他人漠不关心的学习状态。这种学习状态适应于我国中学应试教育，节约了学习时间，但也造成我们很多大学里，新学生很难融入集体活动之中，学生在学习上很少进行互动和互助，造成大数据在英语教学中所发挥的作用大打折扣。所以，教师要想更好地受益于大数据应用所带来的种种教育资源，就要掌握现有资源调动学生积极性，营造学生互动的

氛围。教师要让学生理解大数据时代进行合作互助的必要性乃至其深远的历史意义，进行相关教育活动，使学生树立起合作互动的理念，并以比较切实可行的学习活动，让学生在具体的学习中感受到学习的意义。

（二）英语教材的应用也要根据大数据进行相关调整

我国高校英语教材是根据教学大纲和实际需要，为师生教学应用而编选的材料。教材是教学的主要依据，是教学大纲的具体化，教学保障包括网络信息基础设施保障、教学物资条件保障、图书资料保障等，在很大程度上影响着教学质量。大数据环境下影响教学质量的主要因素包括学习氛围、选用的教材、教学设施、教学服务保障。因此大数据条件下除要为学生营造互助的学习氛围外，还要依据实际需要，进行教材方面的调整，适应学生学习要求，以提高教学质量。

三、大数据对高校英语教学的深远影响

随着知识经济时代的到来，大数据在高校英语教学中的应用越来越广泛。两者的深度融合，从根本上改变了我国传统的以课堂为主灌输式的教育模式，转变为更加开放、互动性的教学模式。与此同时，世界经济一体化以及科学技术的飞速发展，促进全球信息的高速传播，并且逐步实现信息资源的无缝整合与共享，其中教育资源信息也位列其中。近年来所开放的优秀教育资源正逐步由全球各角落的学习者同步共享。

（一）大数据对高校英语教学方式的影响

大数据时代下的英语教育着眼于长远的发展，它使英语学习者能够学以致用，英语教育的实用性大大增加，并且根据各种数据能够更加科学地进行英语教学活动与管理决策，为英语教育开启新思路创造了条件。一是英语学习者可以不受时间、地点限制，利用大数据共享可以获取所需的英语资源，以及进行网络服务的多终端访问，实现数据同步与英语知识的无缝迁移；二是能实现信息的全面交互，英语学习需要学生通过良好的人际交互以更好地理解与掌握语言能力，而利用大数据技术能实现师生之间、学生之间随时随地的互相交流；三是可以通过大数据统计出学生的学习情况，了解学生课内外的学习轨迹，并形成具有研究价值的数据报告，供教师进行教学改进；四是能提高教学管理效率。

（二）大数据对英语教学评价的影响

大数据技术可以对教师教学授课过程、学生学习行为以及各种教学管理数据进行全面采集，集中存储、深入挖掘与分析，在兼顾学生英语学习能力评估的同时，也为教

师的教学质量评估提供了全面、准确的分析结果。

四、大数据在英语教学中的运用

（一）大数据在英语远程教育中的应用

在全球经济一体化时代，各国经济贸易往来会更加频繁，英语作为最通用的国际语言，它的重要性不言而喻。尤其对于我国高素质人才来说，英语是他们日常生活、工作不可或缺的交流语言。信息化、网络化的教学方式，可以更加便捷、高效地为学生提供英语学习机会，例如大量网络在线课堂、网络英语学习资源应运而生，出现了人与人、人与机之间英语远程教育模式。

（二）大数据在英语课堂教育中的应用

学生是英语学习的主力军，主要学习场所还是在大学课堂上。大数据在课堂教学中的有效应用，可以迅速地获取学生学习的相关状态以及教师的教学状态，并且通过大数据分析技术、采集技术的应用，分析其数据的成因，进而提出相应的教学对策，进行教学方法、学习行为以及教学模式的改进，以提高学生学习效果和实现教学目的。

（三）大数据在英语考试中的作用

大数据技术可以综合考查学生的英语水平，有助于教师安排更加科学、合理的考试内容。各个高校普遍建立了相应的大数据平台，英语教育也从中受益，例如可以获取试卷的答题结果、班级成绩情况等数据，并且通过数据平台的采集技术、分析技术，详细了解学生的英语知识储备量与英语学习的疑难点，为今后试卷题目设置提供了有利的参考，试题更加贴近学生实际学习能力。

总之，大数据时代的到来，为高校英语教学带来了新的教育机遇，虽然存在着一些问题和缺陷，但数据技术和英语教育若能深度融合，如能合理应用并优化创新，发挥大数据平台的价值，必定会带动英语教学水平更上一层楼。

第五节　大数据时代高校英语数字化教学的转型

1970 年，托夫勒在《未来的冲击》中明确地提出了面向未来的教育：倾向小班化，多师同堂，在家上学，在线、多媒体教育，回到社区；着重培养学生适应临时组织的能力，培养能做出重大判断的人、在新环境迂回前行的人、敏捷地在变化的现实中发现新关系的人。凯利（Kelly）也预测，随着大数据时代来临，学校会更加多元化，未来的人工智能将诞生于由10亿台中央处理器组成的“全球脑系统”，这个系统包含互联网及附属设备——从扫描仪到卫星以及数十亿台个人电脑。

的确，网络媒体的发展已经引起高等教育的革命性的变化，一是“大规模开放在线课程（Massive Open Online Courses）”，简称“慕课（MOOC）”，正在冲击着全球教育；二是大数据理念在教育中的作用逐步得到了重视，初步形成学校教育、网络在线教育和实践应用延伸的三位一体的教学模式，教师也由原来的“教学主持者”变成了“教学参与者”。据统计，2012年，“MOOC”平台纷呈竞现，哈佛大学和MIT创立的edX有49所大学加盟，其中包括清华大学和北京大学，共设175门在线课程，100多万学生选修；斯坦福大学创立的Coursera有82所大学加盟，386门在线课程，350万学生选修；斯坦福大学创立的Udacity有25门在线课程，40万用户；英国开发大学Future Learn加盟成员包括26所大学、大英博物馆、英国文化协会，以及大英图书馆；澳洲公开大学联盟开发有48门免费课程，64门学分课程在线，课程分研究生、本科生、职业教育；德国学者在企业的资助下创建的Iversity平台有24门课程，10万用户；2013年10月清华大学的中文“慕课”平台“学堂在线”设有5门课程，10万人次选课。越来越多的在线课程表明大数据时代已经来临。

一、大数据背景下高校英语教学面临转型

大数据时代改变了人们的生活习惯，正在引领人们由读书时代迈向读屏时代。“大数据的‘威力’强烈地冲击着教育系统，正在成为推动教育系统创新与变革的颠覆性力量。”大规模开放在线课程的出现是当代教育发展的一大趋势。因为当我们进入经济和社会的第三次浪潮时，我们不再强调同一性，而是强调个性。正是在这样的背景下，2014年我国高校明确区分了研究型大学和应用型大学两大类别。而从建构主义理论来看，个人由于经验、信念不同，对外部世界的理解也有差异，语言学习者更加关注如何以原有的经验、心理结构和信念为基础来构建知识。建构主义的教学模式应包含四个关键因素：教师、学生、任务和环境，其中任何一个因素都不可能孤立于其他因素而存在，它们之间的交互是一个动态的、发展的过程。学生作为个人理解这些任务的意义，任务则成为教师和学生的连接界面。教师与学生之间要有互动，教师的行为反映他们的价值观念，学生对教师的反应方式与他们的个人特征有关。这样教师、学生、任务三者处于一种动态的平衡之中。整个教学过程中教师更多的是充当了“脚手架”的功能，学生则凭借由教师、同学以及他人提供的辅助物完成原本自己无法独立完成的任务。随着学生学习能力的逐步提升，学习的责任将逐渐转移到学生身上。最后，学生完全积极主动地展开学习，并通过学习获得自己所理解、领悟、探索到的知识。脚手

架能帮助学生穿越最近发展区,能促进学生认知能力和社会性的发展。

基于此,高校英语课堂教学面临转型,即把学习的主动权交还给语言学习者。学习者可以高度自由地控制学习的方向、内容和进度,在各种生活场景和语言环境中漫游,却又没有真实世界的压力,在参与中获得愉悦,在愉悦中引起共鸣,在共鸣中获取语言能力,实现语言实际运用的目标。在现代教育技术发达的今天,大数据为我们提供了便利,高校英语可以充分利用"慕课""多模太"和"翻转课堂"等形式进行教学,设计网络化在线学习模块,强调个性化自主学习,这对于高校英语教学来说,好处在于:教学资源丰富,信息量倍增;有利于学生个性化自学潜能的发挥;师生互动量增加,教与学不受时空限制;对学生学习成绩评价多元化;容易激发学生学习积极性。

二、大数据时代高校英语的数字化教学模式

高校英语课堂教学是培养应用型人才的重要环节。作为高校开设的一门公共必修课,高校英语课堂在形势不断发展的情况下探索新的教学模式,充分利用大数据时代带来的便利,实现课堂教学和课外在线学习相结合意义重大:其一,它能满足现代大学生的心理诉求,实现全方位、开放式课堂教学机制;其二,它能使高校英语教学跳出传统的一块黑板、一位老师、一间教室的教学模式,充分发挥视听说优势和融入真实语言环境,并为学生今后的发展做准备;其三,它可以作为高校提升外语教学综合水平的一个参照。就大环境来说,中国要真正走向世界,外语人才的培养至关重要,具有高水平专门知识又精通外语的人才是实现"走出去"和"引进来"战略目标的关键。从小环境看,高校承担着培养人才、服务地方、振兴国内经济的重担,未来人才的素质将直接关系到国家的创新体制建设。因此,从高等教育国际化的战略高度来看,基于"MOOC"平台的大学联盟为我国的高等教育提供了同国际一流大学真正对话的机会。但是,这些在线课程的教学语言几乎都是英语,因此没有英语基础的支撑,即使有了全球优质的教学资源,我国的大学生也可能会面临语言上的障碍。而未来我国的高等教育将侧重于培养学生对所学知识的实际应用能力,学生需要了解大量与专业相关的知识,这就决定了他们对外文信息要有准确的把握。高校英语数字化教学模式开辟了非英语专业学生的第二条获取专业知识的通道——在线自主学习,同时也体现出英语学科的人文性和工具性特点。

传统高校英语课只是为学语言而教语言,不仅费时低效,而且忽略了英语的人文性和工具性特点。大数据时代中的教学资源可以得到充分整合,通过数字化教学让英语课堂变成语言能力课和专业素养课,使学生感受和体验英语,而不再是被动学习英语。目前高校可以结合自身优势,采取多层次、多模块的网络教学平台为学生创设真

实的语言环境，还可以通过加入大学联盟获取更多在线课程，满足不同层次学生英语学习的诉求。在模块设置上可体现行业特征，并融入人文素质和思辨能力的教育，如基础英语视、听、说模块，通用学术英语读写模块，职场和行业英语模块，文学欣赏模块，文化和科学伦理模块等等。

就目前的高校英语教材来看，以书本加光盘形式出现的居多，这难以满足数字化教学平台的要求。因此，创建立体化教材，以文字、录音、多媒体课件、电子教案、电子档案袋、网络课件、学生自主学习系统、资源库和测试库、专业网站等形式来支撑高校英语课堂教学已是必然趋势。它有利于“创建真实的语境或场景，为学生提供‘有意义交际’和实践的机会”，从不同的视角为学生营造一个比较和分析的空间，充分发挥教师与学生、学生与学生、学生与课件等人际和非人际的互动作用。

高校英语数字化教学因其理念的革新，教学资源实现网络化、数字化、信息化，教学方式更具人性化、个性化的特点，无论是构建语言教学的生态环境，还是营造语言教学人文环境，都对教学管理、教学评价的科学性提出更高的要求。考试不再以传统方式进行，而是采用网络无纸化考试，评价采取多元评价的方式，形成性评价和终结性评价相结合。采用综合和集成的方法，统筹考虑教师、学生和教学管理者三个不同层面的相关因素，将三方的观念更新、课程体系优化、教学方法和学习方法创新、服务和管理效能提高等相关要素纳入教改的总体规划。

三、高校英语数字化教学的预期目标

交互性。长期以来，我国高校英语教学在教学观念、教学模式、课程体系、教学方法和教学测评等方面存在不尽人意之处，导致非英语专业学生英语综合应用能力不强，教学模式相对单一，教学方法和教学手段相对陈旧，学生学习动力缺乏，自主学习意识和能力不强，在文化传承和人文精神培养方面比较乏力，教师积极性不高，学生对英语学习缺乏兴趣等。而通过数字教学平台，师生间的互动加强，学生可以不断向教师提问，教师为了解答学生提问不得不更新知识和提高水平，达成师生间的共同成长。

体验性。我国社会经济迅猛发展要求高校英语教学要培养具有国际竞争力的人才。高校英语数字化教学的定位是加强实用性英语教学，以培养学生的英语综合应用能力为目标，特别突出和加强了听说与交流能力的训练与培养。通过教师下达任务，学生担当角色，立足校本经验，开辟网上专家空中课堂，在纯英文环境中让学生体验语言的魅力和完成任务后的成就感，达到轻松学英语的效果。

建构性。数字化教学模式强调学生积极参与并自主管理自己的学习过程，是一种新型教学模式。这将不仅是一个教育目标，也是一种教学理念，还是一种学习策略。

因为学习者自主是现代教育心理学尤其是人本主义、认知主义、社会建构主义学习理论的要求。而语言学习过程必须重视人的情感因素，学生在教师的指导帮助下参与甚至决定整个教学过程：知识的获得主要是通过学生自己发现，教师只是组织者、指导者、帮助者和促进者，学习环境（自主学习中心）与社会互动（合作学习）是两个重要环节。可以说，通过在线学习平台，学生将既获得知识，又参与实践，两者相辅相成。

大数据时代颠覆了传统的教学方式，为高校英语教学提供了自主学习平台。十八大以来我国明确提出要加快发展现代职业教育，推动高等教育内涵式发展，相当一部分新升本高校面临着转型，转型过程中必然涉及课程设置、教学手段等的改革，注重应用型、实用性的专业课程的开设，以及学生实践能力的提高。而在转型过程中高校英语课堂教学应考虑“专业＋通识教育”模式，充分利用大数据时代带来的便利整合课内外教学资源，借助网络在线教育，结合课堂教学，让学生学习英语的同时也学习专业知识，这将大大提高学生的学习积极性和主动性。

第六节　大数据背景下英语教学的微传播

在大数据背景下，数据流和信息形态都发生了重大变化，信息共享、交换以及数据处理变得更加便捷，这为学生提供了良好的自主学习条件，对教师的教学方式方法也产生了重要影响。为了适应新形势，高校应加强英语自主学习平台建设；教师要更新教学理念，从知识的传授者转变为学生学习的指导者和帮助者，同时不断提高信息处理能力，充分利用互联网交互平台开展教学。

自2012年以来，越来越多的政府和行业开始意识到数据和信息的重要性，“大数据”成了十分流行的关键词，人们用它来描述和定义信息爆炸时代产生的海量数据。2014年，在全国高校外语教师发展论坛上，杨永林教授做了“‘慕课’时代大数据在外语教育与研究中的应用——以TRP平台为例”的报告，分析了大数据理念在英语教学中的作用。目前，传统的英语教学方式已很难激发学生的兴趣，也很难保证课程教学效果。大数据背景下，课堂和教师不再是学生获取知识的唯一途径，这对教师的教学方式也产生了重要影响。大数据的发展不但促进了学生学习方法的改变，也促使教师主动改变课堂教学方式，使教学方式更加多样化。

一、大数据背景下英语教学的变化

目前，信息化成为社会各个领域发展的特征之一，英语学习也不例外，大量英语学习工具、平台和管理系统应运而生。这些英语学习工具、平台和系统能够根据大数据分析的结果预判学生的需求，找到学生学习过程中存在的问题，从而有针对性地帮助学生实现英语学习的预期目标。例如，品种多样的语料库系统、在线搜索引擎等能为英语写作提供词汇用法等方面的帮助，有利于学生解决写作过程中的语法问题，不断提升写作能力和语言运用能力。

随着网络技术和现代教育技术的不断发展，学生学习数据的收集也越来越简单，不但数据量越来越大，数据的内容也呈现多样化特征，如通过数据挖掘能够了解学生的学习动机和学习行为，通过学习评价系统可获得学生在线学习效果方面的数据，等等。在当前英语教学中，英语学习的具体化语境例证需求逐渐变大，而教师可以通过网络共享资源下载多媒体教学所需要的课件、例证等，从而有效地提高教学效率。合理利用网络数据资源开展多媒体教学和在线教学，能够激发学生自主化、个性化学习的积极性，有效提高学习效率。

在大数据背景下，教师可把学生在学习过程中产生的数据（包括聊天、社交、游戏中的交互信息）收集起来，了解学生接受与掌握英语的程度、学习行为及学习习惯等，及时发现学生学习的误区，进而帮助学生找到适合自己的学习方式，同时有针对性改进课堂教学。如在阅读教学中，教师可通过分析所收集的相关数据，了解学生英语阅读学习的习惯与方式，从而及时改进英语阅读教学计划，开展个性化英语教学，提高教学效果。

二、大数据背景下英语教学的微传播化

在大数据背景下，现代智能软件能够对学习者的学习行为提供实时帮助，网络技术能够为学生创建一个主动学习的情境，增强学生学习的持续性，帮助学生形成科学的学习习惯和学习方法，也方便学生对学习效果进行科学合理的评估和评价。同时，在大数据时代，英语教学具有了微传播特征，具体反映在以下几个方面：

实时互动性。通过登录微博、微信等平台，教师可以随时布置课程练习和课后作业，学生可以随时接受教师布置的任务。在英语课程教学中，传统教学方式难以满足点对点教学的要求，例如，提高学生语言交流能力和应用能力的难度较大，教师难以判断学生群体的英语能力水平，课后作业难以批改，等等。大数据背景下，教师可以借助“作文批改网”等网络平台解决这些难题。另外，利用大数据云存储技术，还可以根据需要建立学生写作学习轨迹档案，以便捕捉学生写作过程的每一个细节，形成发展性写作评价。

迷你化。根据 2014 年中国互联网信息中心发布的《第 34 次中国互联网络发展状

况统计报告》,截至2014年底,我国互联网普及率达到了46.9%,手机网民规模5.27亿,手机使用率达到了83.4%,手机作为第一大上网终端的地位凸显。由此可见,微传播的主要载体具有小巧便捷、易于携带、自主性强的优势。当前,各高校的无线网一般都能覆盖校园图书馆、食堂、宿舍等场所,学生通过手机等网络终端,可以在任意的时间和地点登录微博、微信等平台,获取英语学习信息,在很大程度上突破了英语学习的时间和空间限制。智能手机等迷你型移动终端的普及,为学生随时随地搜索资料、查单词、提交作业提供了便捷的途径,使学生的英语学习更加细节化和自主化。

精简化。在无线网络高度覆盖、信息快速传播的时代,信息量的增大和信息传播速度的提高,使得人们在阅读过程中更加乐意用快捷的方式获取信息,在一定程度上改变了阅读方式和阅读习惯。同时,为了加快信息传播速度,要求网络信息更加精简化,由此催生了微博、微信平台上的"微言微语",反映在英语方面,精炼的短句和小段落更加具有吸引力。在微传播背景下,学生更乐意接受内容新颖、简短而有重点的信息,以便充分利用零散的时间。因此,微博和微信平台上的英语学习信息通常是几句话、几张图片或一小段视频(如微电影)。简洁明了,具有即时性、视觉性和互动性等特征的微信息,更容易引起人们的注意和兴趣。

三、大数据背景下英语教学的创新策略

大数据背景下,微课、慕课、翻转课堂等教学方式在全球风靡。新形势下,教师在英语教学中要不断创新教学手段和教学方法,充分利用互联网交互平台开展教学,促使学生快速提高学习成绩。具体来讲,应从以下几方面创新和改进教学:

(一)建设自主学习平台,促进学生自主学习

大数据背景下,英语教学不再局限于课堂上教师的讲解,提高学生综合运用英语的能力和自主学习能力成为英语课程教学的主要目标。为了适应新形势,高校应加强英语自主学习平台建设。英语自主学习平台应包括课程学习系统、听力测试系统、口语训练系统、师生交互系统等,这些系统不但要有相应的学习资源供学生根据自己的兴趣和需求自由地选择,还应具有测试功能和测试成绩记录功能。这样,借助自主学习平台,学生可以将学习计划上传至网上征求教师的意见,以充分提高学习效率;可以进行知识学习和资料查询,及时检测自己的学习效果,并通过检测结果明确自己的努力方向;可以自由支配听说和读写练习时间,充分利用系统提供的丰富的课外资源开展个性化学习。借助自主学习平台,教师可以向学生推荐学习网站和常用学习软件,了解和掌握学生的学习情况,分析学生的学习行为,及时指出学生学习方法、学习态度

等方面的不足。

（二）更新教学理念，注重激发学生的学习兴趣

在传统的英语教学中，由于班级人数多，更正语音、批改作文等往往耗费教师大量的精力，但难以取得良好的效果。在当前的大数据时代，这些问题迎刃而解。例如，以往学生记单词是依靠单纯地背单词书，而大数据背景下借助手机 APP 可以有效提高单词记忆的效率，且很多在线工具将背单词与闯关类小游戏联系在一起，真正做到了寓教于乐，吸引了众多学生的眼球。再如，很多网站都建立了英语语音和英语在线翻译系统，甚至在线英语作文批改也成为现实，这为教师的教学和学生的学习提供了极大的便利。公共英语学习网站和学校的英语自主学习平台，大多能为学生的英语作文提供修改意见，使得学生可以通过不断的修改获得满意的成绩。这种作文批改和反馈形式的改变，可以让学生和教师从书本中解脱出来，也使教师和学生充分领略了大数据的魅力。可见，在当前的英语教学中，教师必须及时改变教学方式，积极应用新的软件和工具平台开展教学，否则，难以激发学生的学习兴趣，更难以充分提高教学效果。借助软件和工具平台开展英语教学，要求教师从知识的传授者转变为学生学习的指导者和帮助者，积极与学生开展网络交流，及时解决学生遇到的疑难问题。

（三）更新知识，提高信息处理能力

信息技术的快速更新换代，为英语教学提供了大量的平台和工具，而网络上的平台和工具各具特色，功能也不尽相同，有的甚至已经因技术的发展而淘汰。可见，教师应在不断更新知识的基础上，全面了解各网络平台和工具的优势与不足之处，从而为学生提供科学合理的参考意见，否则可能会误导学生。英语教师在了解信息技术特点的基础上，懂得教学规律，才能提高教学效率。例如，在我国传统的教学评价体系中，过程评价和多元化评价是最薄弱的一个环节，而网络英语自主学习平台的测试功能和测试成绩记录功能，不但能够激发学生在线学习的积极性，还能够为英语课程的过程评价提供数据支持，当然，这要求教师十分熟悉英语自主学习平台的功能和操作方法。

第六章 高校英语教学学生能力培养

第一节 高校英语教学中交际能力的培养

随着全球化以及“一带一路”的发展，国际交往在经济、文化等方面都更加密切。英语作为当今世界通用语言，不论是在社会还是在学习中对于英语学习者的要求也逐渐严格。对于英语学习者来说，除了成绩单上的数字还要有过硬的交际能力，高校英语教学也应在这方面进行研究和实践。

一、交际能力培养的定义以及意义

（1）交际能力的定义。交际能力就是一个人和他人和谐相处的能力，人不能离开群体而单独生存，所以无法避免与人交际的可能，而交际是协调集体关系的关键。换言之，交际能力就是指与不同社会文化集团成员交往时得体地解决说什么和怎么说的能力，且口语教学的目的是培养学生的交际能力，语言不能只作为知识传授，而应作为技能来培养。

（2）交际能力培养的意义。20世纪70年代，D.H.Hymes发表了论文《论交际能力》。他指出一个人潜能的发挥主要依靠他对于语言与语言实际应用能力的掌握。从更深层次来看，交际能力不仅包括语言的基础知识，还包括语言的应用能力以及心理应变能力。

实际上，许多大学毕业生的外语能力十分欠缺。随着中国影响力的不断增大和经济的快速发展，英语作为全世界广泛使用的语言，各行各业都需要能充分掌握和运用英语的人才。在我国，由于语言环境等限制，大部分学习者接触的语言环境局限于课堂交流或者学校组织的定期交流活动，加上很多老师注重教授单词、语法，这只会让学生的外语学习范围变得狭隘。语言学习应该放在实际语境中去检验，这也要求英语学习者在学习中不但要具有“听说读写”的能力，还应在使用中练习，提高自己运用语言的能力。

二、影响交际能力获得的因素

（1）语言环境的缺乏。第二外语习得者的目标是能够熟练运用目标语言。这对于国内大学生来说并非易事，主要原因是语言环境困乏。从外部条件来说，首先，中文和英语的语系不同，在母语环境下学习英语本不容易；其次，由于学生能力有限，所以许多外语教师在课堂上经常使用母语授课；最后，语言需要环境的刺激，对于英语学习者来说，真正需要锻炼的是听说能力，但是现在学习者能够使用外语交流的机会非常少，这也是一种局限。从内部条件来说，第二外语学习者是被动去接受这一门外语的，小学开始英语就是一门必须的考查项目，许多老师也倾向从成绩考查学生的学习情况，导致学生容易对英语有所误解以及排斥。

（2）教师忽视跨文化交际教学。语言和文化是不可分割的。二语学习者的交际能力要建立在扎实的目标语基础之上。同样的语句在不同文化语境下就会产生不同的理解。为了避免这种文化差异带来的理解差异，学习者了解目标语的文化是语言学习道路的必经之路。沃尔夫森曾经说过："在与外国人的交往中，使用母语的人往往能容忍语音和句法错误。相比而言，违背语用规则常常被认为是不礼貌的，因为使用母语的人不大会意识到社会语言的相关性。"

三、高校英语教学中培养交际能力的策略

语言教学的目的并不只是培养学生掌握词汇和语法知识以获得杰出的成绩，亦不只是有多么完美的发音。教学目的应该是在了解目标语的文化基础上掌握并且流利使用该语言。

（1）教师具备扎实的语言文化能力。沟通交际的有效性会因目标语历史文化背景、社会制度等受到影响。这就要求教师应具有丰富的英语文化素养。教师在教学中培养学生跨文化交际能力时要让学生了解英语与汉语在语言表达上的不同之处，运用自己的知识分析语言差异的原因，增强学生的英语语言文化背景知识。同时，教师也要不断进步，提升自己的语言文化能力，在学生交际能力学习中起带头作用。

（2）教学模式与时俱进。传统"填鸭式"的语法教学不再适应时代发展，人们逐渐意识到单纯的语法知识已经不能满足现阶段社会的需求，进而把培养目标延伸到了交际能力上。交际能力需要学生有更强的自主性，所以在教学手段上，以教师为主的课堂已不再适合。学生是教学过程中掌握主动权的人，而教师需要做的只是给他们引导和辅助。因此教师应制造机会让学生主动学习，激发学生对英语的兴趣。教师要把交际能力的培养放在英语教学的核心位置，充分利用除了课堂教学外的一些课外活动来

培养交际能力。

(3)多途径创造语言环境。媒体网络的发展为大学生的外语学习提供了很多便利。它有丰富的语言文化学习资源，是跨文化学习的重要平台：语言学习网站、欧美电视节目、语言节目类自媒体等等能让学生切实了解英语国家的日常生活、风俗习惯、社会关系等方面的知识。同时，外语经典名著中也包含了大量文化、生活、政治等内容，阅读名著除了可以加深文化背景理解，还能扩大知识视野。教师可以充分利用网络以及书本，引导学生浏览对语言学习有益的网站、博客、自媒体和书籍等，以此加强学生对目标语的文化背景等方面的理解。

“人们是在社会化的过程中，在无意识地习得价值观念、思维模式、社会规范的同时，习得交际能力，并用其传递价值观念、信仰和社会规范等。正是交际的这种作用才能使我们理解社会现实、经验和观念。”教师要用不同方法培养学生的跨文化交际能力，拓展学生的文化视野，增强学生语言运用能力，为未来的发展奠定基础。

第二节　大学公共英语教学中英语应用能力的培养

在大学公共英语教学中，学习能力与综合应用能力紧密相联。综合应用能力的有效培养，需要先完成自主学习能力的有效培养，进而完成大学公共英语教学中英语应用能力的培养，最终促进学生综合应用能力的有效培养。此外，英语学科的实用性一直被忽视，尤其是在大学教育阶段更应该注重英语教育的实用性。

一、综合应用能力概述

在高校英语教学中，培养学生的英语应用能力非常重要。英语应用能力在综合应用能力的范畴内，在对学生英语应用能力进行培养的过程中，又能够促进学生综合应用能力的有效培养。近年来，高校英语教学改革越来越深入，不断对学生英语应用能力的培养进行强调，本节基于学生英语应用能力培养的重要性与现状，提出了相应的教学建议，以期使高校英语教学有效性得以提升。

对大学生公共英语综合应用的能力进行培养时，大多教师会从英语应用能力的培养入手，在学生有效完成学习活动的过程中培养其综合应用能力。一般情况下，大多数大学生完成学校中的学习后都会以独立而自由的个体进入到社会中，因此，对于大学生的培养，除了传授必要的知识外，需注重自主性、独立性、创新性等方面的培养，使学生进入社会后具备终身学习的意识与能力，具备对英语应用能力进行提升的能力。

在高校英语专业的教学中，英语应用能力指的是学生获取英语知识、将英语知识迁移到实际生活中以及应用英语灵活进行交际等方面的能力。对大学生公共英语应用能力进行培养时，教师应将学生当作教学活动开展的中心，为学生组织一系列需要探究、合作完成的学习活动，使学生可以参与习得知识的整个过程。在此过程中对学生综合应用能力进行有效培养，使学生可以将英语知识灵活应用到各种场合中，并不断对自身的英语水平进行提升。实际上，对英语应用能力进行培养蕴含着终身教育思想，在培养学生英语综合应用能力方面有重要意义。

二、大学生公共英语综合应用能力培养的现状

（一）学生在教学过程中的主体地位不够突出

现阶段，高校英语专业英语课程改革日渐深入，在改革过程中，不断对学生主体性进行强调，但受班级设置、教学任务、教学模式等多种因素的影响，英语教师在开展教学活动时，仍然是课堂的主角。另外，部分英语教师所用的教学方法还比较传统，照本宣科地将英语相关理论知识灌输给学生，学生难以有效参与学习过程，这严重影响着学生英语应用能力的有效培养。

（二）所用教学模式较为传统

对于英语专业的学生来说，英语四六级考试必须通过，而相关调查结果显示，80%以上的大学生学习英语的主要目的是通过英语四六级考试，这些学生一般不会主动参与教师组织的教学活动，而是大量背诵词汇，并做大量的练习。这虽然在一定意义上也属于一种综合学习的表现，但难以实现英语知识综合应用能力的有效培养。另外，尽管现阶段相关教育部门对大学英语四六级考试进行改革，四六级考试越来越倾向于对学生英语综合应用能力进行考查，但从就业市场方面看来，很多用人单位仍然将四六级成绩当作对英语专业学生的主要评价指标。受此影响，高校英语教学仍然或多或少残留着应试教育的影子，教师过度注重学生英语理论知识的提升，在一定程度上忽视了综合应用能力的培养。

（三）“学以致用”难以实现

目前，部分高校对英语教学的教材进行选择时，教材中的内容与学生实际生活还有一定脱离，英语专业的英语教学内容大多注重对学生听、说、读、写等方面的能力进行培养。在这样的英语教学中，所涉及的英语大多为书面英语，与实际生活的联系性不强，应用性英语知识不多，即使不断组织口语学习活动，也难以实现学生综合性英语

应用能力的有效培养。此外，在班级容量、教学时间等限制下，现阶段高校英语教学仍以课文的精读为主，在其中只穿插少量的口语与听力练习，难以实现学生英语交际能力的有效培养。

三、大学生公共英语综合应用能力有效培养的教学建议

（一）更新教育理念，创新教学模式

在教学实践中，教育理念直接关系到教学活动的组织是否可行、有效。目前，建构主义理论、交际理论、人本主义理论等教育理念都已经逐渐融入英语教学中，这些理论的融入在很大程度上促进了英语教学质量的有效提升。因此，在对英语专业学生进行英语教学时，教师应该注重教育理论的更新及教学模式的创新，将以人为本的理念融入教学活动的组织过程中，以“学习论”替代传统教学中的“教学论”使学生可以积极地参与学习的整个过程，从而实现“以学生为中心”的教学。此外，教师还应该注重学生语言应用能力的培养，逐渐将“知识与技能传授”的英语教学模式转换为“学习能力培养”的教学模式，使学生成为知识的建构者，主动对自己的英语知识结构进行建构。在具体的教学中，教师需注重教学模式的创新，为学生创建更多可以积极参与学习过程的机会，并对一些探究任务进行设置，布置给学生，要求学生以探究的形式完成，这样，才能够实现学生英语语言应用能力的有效培养。

（二）发挥学生主体性，实现学习能力以及综合能力的有效培养

要使学生在教学过程中的主体性得到有效发挥，需从教师角色的转变入手。在传统的高校英语教学中，课堂教学最主要的内容是教师的讲授，学生对英语的学习由教师主导。而对学生英语综合应用能力进行培养的高校英语教学需将学生作为中心，需要在交互式、启发式的教学模式下进行，只有在这样的教学模式下，学生才不再是知识的被动接收者，而将变为信息的有效加工者、知识的主动建构者。在具体的教学中，教师需将小组合作、任务教学法、情景教学法等具有实践性的教学法积极引入，为学生组织一系列可以亲自参与其中的教学活动。例如，教师可积极引入小组合作的教学方法，在关于阅读与写作的教学中，教师可依据学情将学生分成不同的小组，为学生提供一些名著书目（全英文），指导学生以小组合作的形式完成阅读，共同用英语做出一篇读书报告，并推选出一名小组成员上台进行汇报。在这个过程中，为了能够做出更为精彩的读书报告，学生势必会积极展开小组讨论，共同对书本中共同的句子、观点进行总结，相互进行讨论，并共同对观点进行总结，这样，可对学生英语学习能力进行培养。与此同时，在上台汇报的过程中，学生可倾听其他小组的观点，并将自己不同的看法提

出，还可对上台汇报学生的英语口语、表达能力进行提升。这样，不但可对学生学习英语的能力进行有效培养，而且能够促进学生英语综合应用能力、综合素质的培养。

（三）引入分层异步教学，实现“因材施教”

在对大学生实施英语教学时，教师需尊重学生的个体化差异，依据学生具体情况，对教学方法进行灵活转变，以实现学生的全面发展。因此，在对学生英语综合应用能力进行培养的过程中，教师需注重个性化教学的实施，对于不同的学生，设置不同的学习任务，提出不同的要求，以帮助学生找到适合于自己的英语学习方法，进而让学生进行有效的学习，在学习的过程中不断提升英语应用能力。对此，高校可对英语课程进行分级设置，一般为一至四级，依据学生英语水平，将学生分成不同的班级，在各个层级的班级设置不同的学习起点。同时，高校还可开设语言技能、语言文化、综合英语等课程，以选修课的形式供不同的学生选择，让学生选择自己感兴趣的英语课程进行学习，以对学生英语学习的兴趣进行激发。此外，高校还应该注重网络教学的实施，设置“助学课件”，供学生在网络上进行下载并学习，让学生能够依据自己的英语水平对学习进度与重点进行把握。比如，英语基础较差的学生可以侧重于词汇、语法的学习，听力较差的学生可以反复对听力材料进行聆听，口语较差的学生可以通过影片等进行模仿练习，英语水平较高的学生对其他感兴趣的英语材料进行选择与学习，进一步对自身英语水平进行提升。在学生活动中，学生可对学生英语语法、英语口语、语言应用等多方面的水平与能力进行提升。

（四）拓展第二课堂，实现英语应用能力的有效培养

大学生公共英语综合应用能力的培养不能单一局限于第一课堂，还需注重第二课堂的拓展。对此，英语教师可积极与学校团委、社团等合作，共同对英语演讲比赛、英语交流茶话会等活动进行组织，为学生提供更多用英语交流的机会，使学生英语应用能力得到有效提升。与此同时，如果对与英语相关的活动进行了组织与举行，教师与学校都应该对参赛学生做出相应评价，教师的评价需以鼓励性语言为主，使学生学习英语的信心增强，学校可对获奖者进行全校表彰、颁予荣誉证书、给予学分奖励等。这样，可在全校范围内形成浓厚的英语学习氛围，使学生受到感染，积极参与教师组织的教学活动，以及学校组织的英语竞赛、英语交流等活动，使学生英语综合能力在参与活动的过程中得到有效培养，让学生可以灵活地将英语知识应用到实际生活中，灵活应用英语与他人进行交流。

总之，在高校英语专业教学中，学生英语综合应用能力的培养极为重要，直接关系

到英语专业人才培养的质量。因此，英语教师应该不断对教育理论与教学模式进行更新，将学生英语水平的提升与可雇佣能力的培养有机融合起来，在培养学生良好英语学习习惯、英语学习能力的同时，对学生英语知识应用能力、综合素质等进行提升，使学生能够全面发展，培养出更为优秀的英语专业人才。

第三节　高校英语翻译教学与翻译能力培养

近年来，国内越来越多的学者认识到培养非英语专业学生翻译能力的必要性。总的来说，这种必要性主要来自两方面的需求：①社会需求：进入全球化时代，我国对外交流已深入到经济、政治、文化、科技等各个领域，需要一大批具有翻译能力的人才，而仅靠少数外语学院的毕业生无法满足这种需求，因此普及翻译教学具有重大的社会效益。②学生需求：学生对翻译的兴趣和需要具有普遍性，与专业无关，通过学习翻译可以提高他们的英语整体水平，尤其是英语应用能力。在我国，80% 的西方非文学著作是由非英语专业的学者翻译的。基于此，很多学校开始为非英语专业学生开设翻译课程，研究高校英语翻译教学，从而提高学生的翻译能力。如何培养非英语专业学生的翻译能力目前在国内学界讨论得尚不多。因此，下面笔者将基于前人有关翻译能力的研究成果，探讨培养非英语专业学生翻译能力的途径。

一、翻译能力的定义及构成因素

西方研究者从不同角度对翻译能力进行了定义，其中描述较为准确及全面的是西班牙巴塞罗那自治大学的 PACTE 小组（翻译能力习得过程和评估小组）给出的定义，即“翻译能力是译者在翻译中所必需的潜在知识和技能体系”。那么这个体系包含哪些成分？

目前中西方研究者普遍认为翻译能力是由一系列分项能力构成的，但对于它究竟包含哪些分项能力有着不同的看法。颇具代表性的观点有：Neubert 认为翻译能力由语言能力、文本能力、主题能力、文化能力、转换能力构成。其中，转换能力是译者独具的能力。PACTE 小组在实证研究的基础上认为翻译能力包括双语能力、语言外能力（关于常识和专业学科的知识）、翻译专业知识能力、工具能力（使用文献资料及其他技术的能力）、策略能力（计划整个翻译项目、保证翻译过程具有效率，发现并解决问题等能力）、心理—生理要素（包括注意力、记忆力、毅力等在内的认知、态度因素及心理运动机制）。文军认为翻译能力包括语言 / 文本能力、策略能力、IT 运用能力、自我评估能力、理论研究能力。王树槐、王若维认为翻译能力包含以下 6 个因素：语言—语篇—语用能力、策略能力、文化能力、工具能力、思维能力、人格统协能力。

二、在高校英语翻译教学中应主要培养学生的几个分项能力

基于上述有关翻译能力的研究，结合非英语专业学生自身需要及专业背景，笔者认为，在高校英语翻译教学中应主要培养学生以下几个分项能力：

（一）双语能力

1. 双语能力是非英语专业学生翻译能力的核心

英汉互译涉及英汉两种语言的转换，因此具备扎实的英汉双语基础是搞好英汉互译的前提和基础。杨晓荣认为，如果译文皆是语言错误，就无从谈及翻译水平的提高。翻译能力的基础是语言运用能力，具备了这种能力，很多技巧就是顺理成章的处理方法。Bergen 指出，仅有极少数的译者具有完全的双语能力，而绝大部分的译者仍然是语言学习者。非英语专业学生尤为如此，他们在英汉水平上都亟待提高。

2. 非英语专业学生双语能力存在的问题

（1）英语基本功不扎实

学生的英语语言基础薄弱体现在英译汉中对原文理解的失误，以及汉译英中表达的失误或不地道。在英译汉中，对原文理解的失误主要表现为：词义识记不准确，词义掌握片面单一，缺乏语境意识和语篇意识。

例 1：

原文：The success of two people's relationship has a lot to do with how compatible they are.

学生译文：两个人关系的成功与他们有多合作有很大关系。

在这个例子中，学生将“compatible”（和睦相处的）译为“合作”，显然，这是对单词记忆得不准确所致。

在汉译英中，非英语专业学生与其他所有中国学习者一样，难点和主要问题在于英语的表达能力，主要表现为：英语词汇缺乏，对词语搭配不熟悉，对英文的语法、结构掌握不够，不注意英汉语言的主要差异等，如：

例 2：

原文：有些人甚至选择长途背包旅行。

学生译文：Some people even choose to travel with bags.

从这个例子可以看到，学生因英语词汇缺乏，没能找到合适的词表达“背包旅行”

的意义。

例 3:

原文:有朋自远方来,不亦乐乎?

学生译文:Isn't it a great pleasure that meet friends from afar?

这个例子显示出学生对英语从句的概念理解不清楚。

例 4:

原文:他们强调,人们应当读好书,尤其是经典著作。

学生译文:They stressed that people should read books, especially the classic books.

这个例子显示出,学生没有注意英汉语言各自的特点。例 4 中,译文受到原文的影响用了两个"books",而这不符合英语喜用替代、不喜重复的特点。

(2)汉语基本功不牢固

学生的汉语语言素养也有待进一步得到提高,这体现在汉译英时对原文理解的失误以及在英译汉时表达的不妥或不通顺上,如:

例 1:

原文:农夫在山上砍柴采药。

学生译文:Farmers are chopping wood and collecting medicine in the mountains.

这个例子显示出,译文出现问题,主要是因为学生对原文的理解出现了偏差。例 1 中的"药"应指的是"草药",所以最好译为"herbs"或"herbal medicines"。

3. 在翻译教学中继续提高非英语专业学生双语能力

从以上分析可以看出,非英语专业学生在英语及汉语语言素养上都亟待提高,在翻译教学中可以通过以下方法提高学生的双语能力。

第一,所选用的翻译教材应突出对双语语言能力的培养与重视。教材中应包括能帮助学生熟悉与话题相关的词汇和表达法,英汉语言对比相关知识,使学生在翻译实践中选词更准确、达意,译出符合英语或汉语表达习惯的句子,以提高译文质量。

第二,通过大量的翻译练习以及对这些练习的讨论与讲评提高学生的双语能力。在做翻译练习的过程中,教师可以让学生将练习中遇到的语言问题记录下来,并在课堂上与其他同学一同讨论,教师再进行讲评。

第三,鼓励学生在课下阅读经典的中英文名作及其译作,体验作品中的选词、造句和谋篇的方式,提高自己的审美修养。

(二)跨文化能力

语言与文化密不可分,这决定了翻译与文化的密切关系。翻译不仅仅是语言的转换，也是文化的交流。因此译者不仅应具备双语能力，还应具有一定的跨文化能力。传统的高校英语教学重视语言的讲解，忽视文化因素的分析，这使得学生对中西方文化的了解相当有限。在高校英语翻译教学中教师应有意识地培养学生的跨文化能力，这包括帮助他们建立双语文化知识框架及培养跨文化意识。

1. 双语文化知识框架的建立

学生的双语文化知识框架是其跨文化能力的基础，在教学实践中不可脱离知识框架，空谈跨文化能力的培养。在高校英语翻译教学中，教师可借助翻译材料中出现的文化现象向学生介绍有关英语国家的地理、历史、社会、经济、政治、教育、宗教等方面的情况，以及中国的相关情况。当然，在翻译课上能为学生传授的双语文化知识是相当有限的，学生可以通过选修西方人文经典、中国人文经典、高校英语跨文化交际等课程，以及阅读有关中西方文化的书籍，搭建一个中英文化知识框架，并以此为基础提高自身的跨文化能力。

2. 跨文化意识的培养

良好的跨文化意识是指对文化差异具有较高的敏感性及宽容性。在高校英语翻译教学中，宜多采用文化对比的方法，使学生了解英汉文化差异，形成文化差异意识。教师可将在翻译材料中遇到的英汉文化因素进行对比，如可运用尤金·奈达将语言中的文化因素分成五类的方法进行对比：英汉生态文化对比、英汉物质文化对比、英汉社会文化对比、英汉宗教文化对比、英汉语言文化对比，使学生对英汉文化主要差异有一个比较宏观、系统的了解。此外，应培养学生比较客观地认识文化的多样性，避免民族中心论，能够站在另一种文化模式中进行思维，形成开放、包容、平等的心态。

（三）翻译专业知识能力

就翻译理论对于翻译实践的作用，纽马克曾做过这样的论述：翻译理论是向学习翻译的人显示在翻译过程中所有或可能会涉及的东西，并提供翻译原则及指导。根据这些原则及指导，译者可以做出选择及决定。因此，在高校英语翻译教学中教授一些翻译专业知识是不可或缺的，它可以帮助非英语专业学生在翻译实践中做出有效的翻译决策。笔者认为在高校英语翻译教学中应至少让学生掌握以下翻译专业知识：

翻译性质：学生应了解不同学派对翻译进行的描写，这些描写是什么。

翻译种类：学生应了解从不同的角度可将翻译划分为不同的种类，这些种类是什么。

翻译的标准：学生应了解翻译质量的衡量要依照翻译的标准；国内外对于翻译标准的论述众说纷纭，具有代表性的有哪些，翻译究竟有没有固定的标准。

翻译的过程：学生应了解翻译的过程通常涉及理解、表达、校核三个阶段；在这三个阶段，译者要分别注意什么。

翻译策略及方法：学生应了解翻译策略与方法有哪些；在选择这些策略或方法时分别受哪些因素的影响。

翻译技巧：学生应了解鉴于英汉语言的区别性特征，译者在翻译时可以采用适当的翻译技巧；常用的翻译技巧有哪些。

教师可根据学生的特点和需要增添其他的翻译专业知识。因为教学时间有限，可将一部分专业知识的讲解贯穿在翻译练习的讲评中。

（四）文本能力

这里的文本能力指的是学生了解不同类型文本，尤其与自己专业相关的文本类型特点与翻译原则、方法。因此，让学生了解及掌握与自己专业相关的应用文本特点与翻译原则与方法是有必要的。如在非英语专业学生中，有相当一部分学生将从事与科技相关的工作，而科技文本翻译现已成为科学技术工作一个重要的组成部分。科技翻译的目标是再现原文的信息功能。英汉科技文本的语言都具有准确、正式、规范、客观、逻辑严密等特点。科技英语中又有大量使用名词、被动语态的特点，在英汉互译时要根据需要进行名词与动词、被动语态与主动语态的互换，另外还要注意术语翻译的准确性。

商务信函翻译主要为将来从事经贸工作的学生而设。商务活动交际具有客观性、规范性，这要求商务信函在选词用字、句法结构、篇章结构符合该行业的规范及专业特点。英汉商务信函的语言都具有简洁、明晰、准确、完整、礼貌等特点，且都有不少固定的套语。比较而言，英语商务信函中有着语域色彩很强的套语，程式化更高。在英汉商务信函互译时，要注意各种商务信函套语的规范使用。

教师可结合所教学生的专业背景，还可向学生讲授新闻文本、法律文本、广告文本、论述性文本、说明性文本等其他的一些应用文本的特点及翻译方法，教学材料尽可能真实，因为篇幅所限，笔者在此不再详述。

（五）工具能力

翻译工作涉及方方面面的内容，当译者在翻译过程中遇到解决不了的问题时，就要做调查研究。如果查询方法得当，译者可以在较短的时间内获得翻译所需的相关知识，减少翻译失误，保证翻译质量。因此，有效使用查询工具的能力是译者必备的能力。

传统的适合中国学生使用的英汉互译查询工具主要是词典，包括双语词典（英汉词典，汉英词典）、单语词典（如汉语词典、英英词典、英语搭配词典、英语用法词典等）。许多翻译初学者在英语中找不到汉语的对应词或短语时，就会求助双语词典，没有意识到双语词典具有局限性。其实，我们对于没有把握的词，通常需要查找英英词典、英语同义词词典来确定其意义，通过查找英语用法词典、英语搭配词典来确定它使用的句型及与其他词的搭配。

随着自然语言处理技术和人工智能技术的发展，现代翻译查询工具种类繁多。很多传统的翻译工具书出现了电子版本，如各种在线双语词典、单语词典、百科全书等。此外还有各种搜索引擎。李长栓指出可以利用互联网查询专有名词、专业术语、中国特有概念、平行文本、图像等，只要方法正确，可以准确、有效地找到所需要的资料。除了这些，还有各种电子语料库、机器翻译软件、翻译记忆和术语管理工具等，能够极大地帮助我们提高翻译质量及效率。总之，培养学生使用查询工具的能力，使学生了解如何使用这些工具，以及知道什么时候该使用哪种工具是发展学生翻译能力的一个重要内容。

翻译能力的培养是一个长期的过程。笔者相信，通过在高校英语翻译教学中培养学生的双语能力、跨文化能力、翻译专业知识能力、文本能力及工具能力这五个分项能力，能够为学生建构一定的翻译能力，并培养学生学习翻译的兴趣，提高英汉双语整体水平，为将来从事与翻译相关的工作打下一个较为坚实的基础。

第四节　高校英语教学中学生自主学习能力的培养

当前，我国高校的英语教育水平同之前相比具有了明显的进步，但是由于英语教师以及学生都存在一些问题，英语教学的效果不明显，学生英语水平的提升有限。

一方面，笔者通过对相关资料的调查发现，部分高校的高校英语教师在传统教学思想的影响下依旧使用教师讲授、学生听讲的教学模式，这样的教学环境下师生之间缺乏有效的交流和互动，使学生对英语学习的兴趣缺失，甚至对英语产生一种抵触心理；同时，学生机械式的听讲，限制了他们思维能力的发展，只能根据教师的讲解亦步亦趋地学习，使他们对英语教师形成依赖性，弱化了自主学习的能力。

另一方面，部分高校中有少部分大学生在中学阶段没有打下良好的英语基础，到了大学阶段对更高深度的英语学习存在较多困难，加上他们不善于向老师和同学请教，造成在英语学习中的疑问越来越多，对英语学习失去了信心；此外，还有大学生对英语存在着错误的认识，认为自己不出国学习英语也没有多大用处，甚至还有大学生以不学英语是爱国这种错误的思想麻痹自己，造成他们对英语缺乏兴趣。

一、高校英语教学中培养学生自主学习能力的必要性

大学阶段的英语学习同中小学阶段的英语学习存在着本质区别，该阶段需要培养学生的自主学习能力，使他们能够严格要求自身，在主动学习英语的过程中实现英语水平的提高。在高校英语教学中培养学生自主学习能力对他们的英语学习以及个人成长具有深远意义，具体而言主要体现在以下几个方面。

首先，大学生大部分已经成年，他们的身心发展渐趋成熟和完善，他们不像中小学生一样自制力较差，在英语学习中需要教师的监督。大学生已经具备较高的自我约束力，只有培养他们的自主学习能力，才能使他们适应大学阶段各学科的学习，才能将他们从中学阶段的学习习惯转化为大学阶段的学习习惯，适应大学学习的环境。

其次，在高校英语教学中培养学生自主学习能力可以显著提升学生的英语水平。自主学习能力注重学生在没有外力约束条件下的主动学习，这是一种积极的学习态度。大学生只有具有了自主学习能力才可以在日常生活中关注英语，主动探索英语，端正英语学习的态度，实现英语水平的进步。

最后，自主学习能力不仅仅适用于大学阶段的英语学习，当学生形成自主学习的习惯时可以对他们今后的人生发展产生深远的影响。具备了自主学习能力的大学生可以对新事物产生一种好奇的态度，能够主动接近和学习新事物，提高自身的认知能力与视野广阔度，不断完善自身，进而实现自我整体的进步与发展。

二、高校英语教学中学生自主学习能力的培养策略

高校英语教学中培养学生的自主学习能力需要教师纠正学生的错误态度，采取科学合理的措施激发学生的学习兴趣，给予学生在英语教学中的参与机会，最终塑造其自主学习的习惯。下面，笔者根据自身对相关资料的调查研究与思考，针对部分高校英语教学效率低下的情况，就培养学生的自主学习能力提出几点建议。

（一）转变大学生的英语学习态度

在高校英语教学中纠正学生对英语的错误认知是培养学生自主学习能力的基础，因此英语教师需要使大学生认识到英语的价值与意义。

一方面，高校英语教师在教学中可以时刻给学生灌输关于英语重要性的思想。如在学习新的单词时将其与学生的生活实际联系起来，使学生认识到学习英语可以解决生活中的实际问题。还可以举办一些英语演讲竞赛，使学生受到激励，认识到学习英

语是一件有价值的事情。另一方面，高校英语教师可以邀请一些留学生或者外教到课堂中同学生进行交流，使学生认识到自己口语方面的不足，使他们知道只有提高自己的英语水平才可以适应全球化发展的趋势，满足社会发展的要求。

（二）高校英语教学中尊重学生的主体地位

高校英语教师需要转变之前传统的教学思想，使用问题探究式的教学方法引导学生自主学习，培养他们的自主学习能力。

高校英语教师在授课之前需要对教学内容有所分析与研究，选择一些具有挑战性的问题在课堂上激发学生的好奇心，让学生独立阅读教材内容，主动搜集资料并思考，尝试解答问题，最后在讲台发表自己对问题的看法和理解。这种教学模式尊重了学生的主体地位，使学生参与到教学中来，使他们在独立思考提高思维能力的同时，摆脱了对教师的依赖，初步建立起自主学习的能力。

（三）注重英语学习方法的传授

高校英语教师需要从知识传授的教学方法中走出来，将“授人以鱼，不如授人以渔”的思想贯穿于整个教学思想中。

学生经过中学阶段的英语学习已经具备了一定的英语基础。教师通过学习方法的传授，可以使学生的英语学习不再局限于课堂，而是扩展到整个生活中。在英语教学课堂，教师可以给学生推荐一些优秀的英语学习网站以及手机软件，使学生在课余时间可以自主观看学习，在开阔自身视野提高英语水平的同时也养成了自主学习英语的良好习惯。

一位美国学者曾经说过，未来的文盲不再是目不识丁的人，而是没有学会怎样学习的人。由此可见，自主学习能力关系到一个人未来的生存和发展，对此，高校英语教师应该尊重学生的主体地位，从转变学生的思想入手，激发学生的英语学习兴趣，从思想上纠正学生的错误观念，使学生认识到英语的重要性。之后通过教授英语学习的技巧、提供自主学习途径等为培养学生的自主学习能力创造条件，使学生的英语水平得以提升，满足时代发展的需求。

第五节　高校英语口语教学与学生口语交际能力的培养

高校英语口语教学是一种实践性以及目的性非常强的教学行为，教师应该利用合理的教学手段以及丰富的教学资源，让学生能够在交际训练当中得到有效的培养以及锻炼。笔者通过对当前高校英语口语教学现状的分析，探讨了有效提升学生英语口语方面交际能力的具体方法。

如今的社会知识以及经济飞速发展，对外交流的重要性日益凸显，社会对于人才的要求越来越高。教师为了使学生更好、更顺利地适应社会发展以及具有良好的职业能力，必须重视培养学生的英语口语能力。

一、当前高校英语口语表达方面的现状

（一）语言基础能力相对薄弱

就笔者所在的师范类独立院校而言，学生的英语基础知识普遍非常薄弱，对英语单词的发音还有语法等都没有正确地、系统地掌握。同时，学生词汇积累不足的问题也会导致学生羞于用英语进行交流，进而形成一个不良的循环。除了词汇量和语法，部分学生在阅读的过程中会发生吞音、偏音以及错音的情况。这些问题对学生口语交际能力的培养造成了极大的阻碍。

（二）缺少英语口语练习的环境

就语言来讲，最有效的一个学习方法就是有合适的语言学习环境。当前很多高校都不具备英语口语方面的学习环境。某些高校因为教学总时数、教学设备还有班级规模等方面的制约，导致学生在英语口语表达上受到了极大的影响。根据有关数据表明，有 80% 的人认为，对于学生英语口语表达能力发展产生制约的最为关键的因素就是缺少英语学习方面的良好环境。在实际的课堂教学当中，英语课一周只有两节，且教师将大部分时间都用来教学，从而导致没有足够时间引导学生进行口语交流，同时学生自身也不愿用英语进行交流。

（三）焦虑感对于学生的积极性产生影响

美国心理学家霍尔茨等在对外语学习方面的焦虑做出一系列研究之后发现，焦虑感在外语学习者进行口头交流的时候会产生一定的影响。因为学生自身的口语能力非常低，具有自卑心理，因此而产生的紧张以及焦虑往往会对学生口语的练习造成很大的负面影响。经过有关调查发现，只有 15.2% 的学生乐于面向全班同学进行口语练习，而绝大部分学生更乐于和同桌或者是几个同学进行有关英语方面的交流，认为在课堂上面对所有同学进行交流会感到不安和紧张，将其视为一种负担，无法获得良好的练习效果。

二、大学生英语口语交际能力的培养策略

（一）利用阅读教学为口语交际打下基础

课堂教学必须将学生作为主体，教师起主导的作用，将训练当作主线，从而使“交际—互动”可以贯穿整个教学过程。教师对于课文进行导入的时候，应该根据课文内容对学生进行口头提问抑或是组织小组讨论。在讲解课文的具体过程当中也可以让学生切实参与进来，强化师生之间进行的双向交流，对学生的口语能力进行有效的培养。课文结束之后还应该通过复述、谈论以及角色表演等方式进行巩固以及总结，从而强化学生的表达能力。与此同时，学生口头交际能力相对较差的一个重要原因就是构建语篇的能力不足。所以，在实际进行阅读教学的时候，教师应该引导学生正确地找到文章当中的关键词、中心句以及文章主题，从而使学生对文章的整体结构有所把握，同时让学生模仿语篇的话语表达方式，并反复应用。除此之外，教师还应该重视合理拓展学生的知识面，譬如在谈论有关环境方面的问题时，如果学生只知道 air pollution、water pollution，这样就无法将问题探讨得更加深入。

（二）通过课外活动对学生口语交际能力进行培养

教师应该开辟多种渠道来强化学生的交际能力，在课外活动当中合理创设语言环境，从而有效培养学生的口语交际能力。英语教学本质上是一种技能教学，因此必须要进行大量实践。教师与学生在课堂之外可共同营造英语学习氛围，合理选用可行性高且能够有效激发学生英语学习热情的方式，有目的、有计划、有组织地进行英语课外活动，从而为学生提供更好的、更加高效的英语实践机会。课堂教学应该和课外活动有机结合，进而起到互相促进以及相互补充的重要作用。

（三）合理应用现代化教学手段

英语教学当中可以凭借视频、录音或者多媒体等实施视听教学，创造形式多样的语言学习环境。同时，把视听教学中的内容和听力方面的训练进行有机结合，使整个教学贯通一致，从而系统、高效地提升学生的英语能力，让学生能够更好地掌握语言背后的文化知识，进而实现基础知识以及运用能力共同发展的目的。

综上所述，语言的学习特别是口语能力提高的重点在于相关技能以及语言知识方面的积累，同时也依赖于文化知识以及口语交际策略的掌握，教师必须将能力训练与知识学习融会贯通，从而稳步提升学生的英语应用能力。

第六节 “互联网 +”背景下的高校英语教学与创新能力培养

在当今知识经济时代，互联网与传统行业的深度融合，创造出了一种新的社会形态。“互联网 +”也无一例外地渗透到了教育行业中。“互联网 +”改变了人们获取知识和信息的方式和手段，带来了英语教学手段和教学方式的极大变革，也改变了英语学习者的学习观念和学习方式。这些变化为高校英语教学提出了挑战，也提供了机遇。

创新能力体现了一个国家的综合国力，同时也是人才竞争力的体现。创新能力的培养是高等教育的重要目标之一，如何顺应时代的发展，在信息技术日益发达的现代社会，将互联网技术融入高校英语教学，培养学生的创新能力，以适应国家人才培养的需求和社会发展的方向，是高校英语教育面临的一个课题。在这样的背景下，教师重新思考和定位自己在高校英语课堂教学中的角色，培养大学生的创新能力是时代提出的必然要求。而大学生的创新能力必须落实到具体的实践中，探索在高校英语课堂中培养学生的创新能力是响应政府的号召，顺应时代的要求，对于培养当代大学生适应知识社会新形态的发展需求，培养创新能力具有重要的意义。

一、研究现状

许多研究者对“互联网 +”背景下的高校英语改革与发展进行了研究。由李山编著的《英语语言教学改革与创新：互联网 + 教育》（光明日报出版社，2016 年版）是当前教育领域第一本将“互联网 +”和“英语教学”相互融合并作为研究主体的学术性专著。它从语言教学的角度出发，围绕“互联网 +”环境下英语教学问题展开讨论，探讨如何在“互联网 +”背景下进行英语教学的改革和创新，以适应时代的发展和满足学习者的新需求。庄智象等人从教学大纲、课程体系、教学方法与手段等方面探讨了如何培养国际化创新型外语人才。王丽丽、杨帆从教学方法与教学手段、学习观念与学习方式、教师角色与教学技能等方面探讨了“互联网 +”时代对高校英语教学的挑战与冲击，提出构建“慕课 + 微课 + 翻转课堂”的多元混合教学模式以及“微信 + 移动网络”的多元互动学习环境，改革传统的高校英语教学，以适应时代的发展。刘刚等回顾了国外互联网教学创新的实践与启示，阐明了互联网对高校教学带来的影响，提出了从学校、教师和学生三方面进行“互联网 +”时代高校教学创新的具体对策。贺小华从科学管理、人本理念、“启思导创”、创新型教师等方面进行了高校英语创新教育体系建设。吴怀宇等人分析了高校教育制约学生创新能力培养的主要因素，从统一思想认识、深化教育教学改革、营造创新氛围等方面提出了培养学生创新能力的途径。单胜江分析了高校英语教学现状及存在的问题，从更新教学理念、创新教学模式、建立有效的教学评价体系角度提出了高校学生英语创新能力培养的策略。李永才认为应对现有的培养目标、教育观念和培养模式进行改革和创新，透彻分析外语课程体系及师资水平，为我国的对外开放和经济发展培养高素质的外语创新人才。

以上研究侧重在两个方面，其一是一般意义上的创新型人才培养模式或者人才培养体系的研究，其二是侧重于讨论在互联网时代如何抓住机遇，迎接挑战，促进教学改革与发展。把二者结合起来，也就是如何在互联网时代通过高校英语课堂教学培养学生的创新能力的研究还比较少。本课题弥补了这方面的不足，着重研究在“互联网 +”背景下如何在高校英语课堂教学中培养学生的创新能力。

二、“互联网 +”背景下教育要素特征的变化

互联网广泛应用于教育领域，为教学的变革提供了新的技术手段，改变着人们的学习观念和学习方式，也推动着教学要素的深刻变革。教学活动关乎教师、学生、教学内容、教学方法、教学环境、师生关系等诸多要素。在“互联网 +”的时代背景下，这些教学要素正在发生着深刻的变化。

其一，学生的变化。现在的大学生生长在知识经济大变革时代，从小就被各种信息技术包围，熟悉各种信息工具的使用。他们头脑灵活，思想活跃，自由与民主意识强，善于接受新鲜事物，具有创新意识和进取精神。他们不再满足于书本和课堂知识，尤其是在智能手机具有移动互联的功能后，学生通过互联网广泛涉猎各种信息，信息的广度和深度有时甚至超过了教师。

其二，教师的变化。在互联网时代，教师的角色发生了很大的变化。获取信息渠道的多元化使他们不再是信息的绝对拥有者，他们的权威地位受到了前所未有的挑战。他们的论点常常会遭到学生的质疑，海量的信息也让他们无所适从。同时各种信息设备以及移动终端的使用要求教师能够熟练使用多媒体以及各种信息工具进行教学。学生的多元化需求也对教师的素质提出了更高的要求。

其三，师生关系的变化。在互联网时代，学生获取信息的多元化打破了教师的知识垄断地位。多元化的交流方式拉近了师生之间的距离，扩大了交流的范围，增进了相互的了解，促成了师生之间平等关系的建立。因此在互联网时代，教师的角色从教学活动的主导者变成了课堂活动的管理者、引导者和服务者。

其四，教学内容的变化。在互联网时代，教学不再局限于一本或几本教材，互联网如广阔的海洋，有着丰富的教学资源。这些互联网资源为教师的教学提供了更多的选

择，也为教学内容提供了丰富的补充，为教师充分利用互联网培养学生的创新能力提供了坚实的基础。但是高校英语教学课时有限，教师在浩如烟海的资源中为学生选择合理的教学内容显得十分必要。

其五，教学方式的变化。互联网的发展和慕课、微课的兴起，以及互联网资源的增加，不断丰富、拓展着高校英语的教学内容，也改变着传统的教学方法。现代信息技术在英语课堂中的应用让师生互动、生生互动和人机互动成为可能。教师可以采用任务式、合作式、项目式、探究式等教学方法，引导和启发学生积极主动参与课堂学习，多元、互动成了英语课堂的主导教学模式。

其六，教学环境的变化。在互联网时代，多媒体、信息通信设备、网络终端、移动互联网让教学环境变得丰富多彩。现代信息技术应用于英语教学，网络学习平台为学生提供了主动学习、自主学习、个性化学习等丰富多彩的学习方式。教师可以随时记录和监测学生的学习过程，也可以随时随地和学生交流，对学生的学习进行反馈。课堂不再是简单的知识传递的场所，而是教师引领学生成长，指导学生学习、答疑解惑、管理服务的场所。

三、“互联网+”背景下高校英语课堂创新能力的培养

创新能力的构成极其复杂，理论界对创新能力的构成存在诸多不同的看法。文秋芳认为创新人才应该是具有创新素质的复合型人才，而创新素质又包含三个部分：创新精神、创新能力和创新人格。创新能力是创新所需要的创造性思维能力与解决问题的实践能力。单胜江认为高校创新教育包含创造性思维能力和创造性实践能力两个方面的内容。岳晓东认为，大学生创新能力包括思维、人格、智慧三个层面的内容。孙奎贞等提出，创新能力的构成因素包括：想象能力、联想能力、分析能力、实践能力等15项能力。综合前人研究，笔者认为学生创新能力的培养包含三个方面的内容，即创新人格、创新思维和创新实践。本节着重探讨在“互联网+”背景下高校英语教学如何培养学生的创新思维能力和创新实践能力。

（一）整合教育资源，培养学生创造性思维能力

创造性思维是创新能力的核心，如何在高校英语课堂教学中培养学生的创造性思维能力是问题的关键。本文认为，应以教材为基础，以慕课、微课以及互联网资源作为补充，为学生提供丰富的语言材料，创设具体的使用语言的情景，激发学生的好奇心和强烈的创新动机，培养学生的“问题意识”。在提出问题、解决问题的过程中锻炼学生的创造性思维能力。

1. 以慕课等互联网资源充实教学内容

创新精神体现在两个方面：求新，即对新事物的好奇心与敏感性，对新知识的求知欲望；求异，即对司空见惯的事情能提出问题，产生疑问。求新、求异的精神是创新的动力与源泉。培养学生的创新思维能力，就是要提供给学生丰富的学习资源，传递更多的新奇信息，激发学生的学习兴趣和求知欲望，刺激学生的创新思维。

创新思维能力包括发现问题的能力、批评能力、解决难题的能力。英语教育中的创新思维能力主要体现为运用创造性语言活动的能力。网络技术的发展极大地扩展了学生学习知识的范围和途径。在高校英语教学中，可以将慕课等互联网资源引入课堂，这样可以调动学生学习的积极性、主动性和好奇心。在学习了这些互联网资源之后，可以通过开展演讲、讨论，课后论文等形式，培养学生的语言运用能力，有了更充实的语言输入，才能形成创造性的语言思维。无论是慕课教学资源还是互联网学习资源，这些丰富、生动、形象的教学内容显著提高了教学效率，不仅能激发学生学习英语的兴趣和热情，而且能激发起学生的求知欲望，提升学生的创新思维能力。

2. 构建基于互联网的开放多元的学习环境

“互联网 +”颠覆了传统的“机械”和“被动”的学习方式，让学习环境变得开放多元。在高校英语教学中，应充分利用互联网的特征，在移动互联网全覆盖的环境中，设计网上交互学习教学系统。这个教学系统可以将自主学习、教学管理、课程教学、学习评价、交流互动融为一体，拓展教师的教学空间和学生的学习空间。互联网为教师和学生营造了一个自主、易操作、可移动、可监控的网络环境，实现了平台、教师、学生和学习资源的深度互动。这些方式拓展了学生英语学习的时间和空间，同时师生之间、学生之间的交流也开阔了学生的视野，可以做到取长补短。在互动交流中，也产生了思维的碰撞和共鸣，学生学会了发现问题、解决问题，在这个过程中，学生的英语应用能力和自主学习能力得到了提高，他们的创新思维能力也得到了较好的培养。

（二）转变教育方式，培养学生创新实践能力

学生创新实践能力的培养最终要落实到课堂教学实践中。在课堂教学中，应转变教学方式，改变单一的知识传授教学模式，使用自主探究、角色扮演、小组讨论、成果交流汇报等方式，积极开展翻转课堂教学改革，鼓励自由讨论，形成民主和谐的氛围，让学生在具体的语言环境中，探索未知的领域，在发现问题、分析问题、解决问题的过程中，培养学生的创新实践能力。

1. 采用以微课为基础的翻转课堂教学模式

创新能力的培养最终要落实到具体的实践中。而翻转课堂是培养学生创新能力

最好的实践。翻转课堂因翻转了传统课堂的顺序而得名。它以微课为基础，优化了教学流程，提升了教学资源的配置效率。翻转课堂节省了时间，有助于加强师生之间、学生之间的互动、讨论，在反复思考、不断辩论的过程中，学生实现了对所学知识的融会贯通和灵活运用，实现对所学知识的提炼更新、优化升级。学生在完成各种活动的过程中，根据活动具体需要通过独立或合作的方式发现问题并解决问题，他们学会使用各种方法，以达到解决问题的目的，在这个过程中，学生的创新实践能力得到了有效的培养和锻炼。

2. 构建互联网时代多元互动师生关系

良好的师生关系可以激发学生的学习兴趣，启发学生思维，培养学生的创新精神。互联网技术应用于课堂，教师和学生的交流互动途径变得多元化，既可以面对面交流互动，也可以通过互联网等通信技术实现网上互动。教师的角色从原来的知识灌输者变成了课堂活动的组织者、引导者、服务者。学生有更多的机会进行自我学习、自我训练、自我活动以及展示自己的学习成果，学生的各种创新能力得到了较好的培养和锻炼。在课堂上，教师和学生也可以通过各种活动进行互动，主要包括独立探究、互动协作、成果展示。学生可以通过对话、讨论、小组活动、角色扮演、辩论等活动对问题进行充分论证。学生经过独立探索、协作学习之后，可通过展览会、报告会、辩论会、小型比赛等进行个人或者小组的成果汇报，交流学习体会、分享成功和喜悦，也可以通过微信、qq、互联网学习平台进行互动。在互动中，学生要完成各种活动，就会调动起各方面的积极因素，查找资料，独立思考，做出判断，最后付诸行动。在这个过程中，学生的独立思考能力、解决问题的能力、创新思维能力得到了培养和锻炼。

学生的创新能力是在具体的课堂教学中培养起来的。在“互联网 +”时代，教学要素的各个组成部分发生了巨大的变化，如果固守传统的教学方式，则不利于学生创新能力的发展，不能培养出符合时代需要的创新型人才。因此应根据变化了的形势，找出相应的对策，应从培养学生的创新思维能力和创新实践能力入手，整合教育资源，转变教育方式，在具体的课堂教学实践中培养学生的创新能力。以上只是对于“互联网 +”高校英语课堂教学培养学生创新能力的初步研究。创新能力的培养是一个宏大而复杂的工程，有待后续更加精细和深入地研究。

第七章 高校英语教学方法的实践应用研究

第一节 多模态的协同及在高校英语教学的应用

当前导致高校英语教学效果不理想的因素众多，其中教学模态单一以及各个模态之间缺乏协调是学生不愿主动学习、大学英语课堂教学效率低的重要原因。在高校英语教学中应用多模态协同能够调动学生的听觉、视觉、触觉，通过图像、声音的引导，强化英语沟通能力，提升学生的英语素质。

一、多模态的协同

多模态是指运用多种构建意义的手段与符号资源，尽量将人的听觉、视觉、触觉等多重感觉同时结合起来开展信息传播与交际的行为。模态之间的关系是由具体语境与交际目的所决定的。通常来说，视觉模态以及听觉模态是人们交际过程中选择的主要模态形式，而嗅觉、触觉、味觉等为辅助型的交际模式。在实际沟通交往过程中，为了传递某种特定的含义，可以同时运用多个模态或实现多个模态之间的转换。模态选择的合理性取决于交际者利用媒介的能力以及多模态识别能力。长时间以来，高校英语教学都只关注英语词汇、句子、语法的知识点教学，教学方式与目标仅仅只是从单一的文字模态入手，鲜有融合非文字的模态形式来进行课堂教学活动。伴随着互联网技术与信息技术的发展，多模态以及多模态协同已经开始对大学英语课堂教学造成影响。多模态的协同教学，即为教师在课堂教学过程中要运用多模态开展教学，课堂需要涵盖视觉模态、听力模态、口头模态、书面模态、体形模态等。在高校英语教学中多模态的协同就是利用互联网、多媒体技术等客观环境与条件，为高校英语教学提供多种语言与非语言的多模态语境。多模态协同在高校英语教学中应用的基本目标就是要提高学生运用英语开展多模态交际的能力，提高学生通过多媒体与多模态自主学习的能力，以满足社会发展与经济全球化对大学培养高素质人才的要求。

二、多模态的协同在高校英语教学中的作用

在高校英语教学中应用多模态协同能够起到以下作用：第一，融合语言模态和非语言模态，激发学生参与学习的积极性。多模态协同理论中的非语言模态能够在传递信息中发挥巨大的作用。非语言模态主要包括身体特征、教学环境、教学道具等。在多模态协同教学下，教师可以利用图片、音频、视频等方式对英语知识点进行多方位的全面分析。例如，在大学英语词汇教学中，教师可以播放含有需要学习词汇的英文歌曲或英文原声电影，以吸引学生的注意力，调动学生参与学习的积极性，使其深化对词汇的记忆。第二，实现学生多感官互动。多模态协同在高校英语教学中能够实现视觉与听觉的互动，调动学生的各个感官，从而生动地进行英语知识点的讲授。例如，在大学英语课堂中，教师可以通过有感情的语言以及丰富的肢体动作，配合背景音乐来渲染教学氛围，让英语课堂变得更加和谐、有趣，以激发学生学习英语的兴趣。

三、多模态的协同在高校英语教学中的应用

（一）大学英语课堂教学中应用多模态协同

第一，视觉模态与听觉模态的协同。大学英语课堂的布局是视觉模态，其明确了高校英语教学的环境，同时也明确了教师与学生在英语教学中的角色。在课堂中，学生的视觉对象包括教师、黑板、讲台；大学英语的教学过程主要为听觉模态。视觉模态决定了课堂布局以及教师在课堂中的地位，但视觉模态也只是听觉模态的辅助与基础。基于听觉模态分析，教师的话语权占据了课堂的主导地位，对于教师来说，学生是其进行话语教学的主要接受对象，这就对教师的话语质量有着较高的要求。因此，教师在大学英语课堂中的话语要精确清晰、语法正确、发音准确、速度合适。与此同时，教师在教学过程中声音的响度、语调的高低、重度的节奏都会对英语教学效果产生一定的影响。因此，听觉模态中的各个模态相互之间也需要进行配合，以达到强化口语模态的作用。教师在英语教学过程中也会通过变化视觉模态来强化口语模态，如运用手势来代表节奏，模拟所讲述的事物，运用表情的变化来突出知识点的重要程度。

第二，文字模态与非文字模态的协同。大学英语阅读教学中主要以文字模态为主，指导学生重点掌握非文字模态，探索其与文字模态之间隐藏的内在关系，帮助学生赏析、鉴别文字模态的意义，提升学生对文字模态的敏感度。教师可以引导学生在阅读文章时对文章的标题、小标题、斜体字、标点符号等进行标识，对文章的重点信息进行定位。例如，阅读材料“Jack went to Fifth Avenue with Tom in New York in September 30th.”中出现多次大写字母，大写字母通常表示地名与人名，在阅读过程中运用跳读

的方式来掌握大意，则可以快速获取关键信息。又例如，教师在进行英语阅读教学过程中训练学生对非文字模态的语篇进行分析。向学生展示三幅不同的图片：第一幅是正在融化的冰川；第二幅是一望无垠、寸草不生的沙漠；第三幅是黑色的河流。要求学生分析这一组图画要传递什么意义，将学生引入生态环境保护的阅读话题，从而实现大学英语阅读教学中图片模态与文字模态的协同。

（二）大学英语师生互动中应用多模态协同

建构主义理论提出，学习过程是学生发挥主观能动性，主动学习、主动构建知识架构的过程。建构主义理论否定了传统大学英语课堂教学中教师灌输、学生被动接受的教学模式。教师与学生在课堂上的角色也发生了变化。教师从知识的讲授者转变为了学生学习的引导者，也就是教师在课堂教学中扮演着引导者、组织者的角色，在学生发挥主观能动性构建知识结构时起到辅导作用。因此，高校英语教学中多模态协同的应用能够进一步深化建构主义理论，转变传统教学模式中学生被动学习的状态。多模态协同下的高校英语教学能够实现教学互动，将学生置于多模态协同的学习语境，从听觉、视觉、触觉等多方位的感官来提高学生运用英语开展交际的能力以及潜在的语用潜能，让学生能够在多模态协同的环境下主动学习。在大学英语课堂中，教师可以通过多媒体技术来支撑多模态协同的进行，实现教学与学习的互动，通过师生互动的方式来实现多模态协同教学的效果。师生互动是指在大学英语课堂中，教师与学生面对面进行的教学活动。在课堂教学中教师需要将知识点通过文字、图片、音频、视频的形式展现给学生，以吸引学生的注意力，使其更好地理解、接受知识点。与此同时，教师还会通过语言表述、手势动作、面部表情等方式与学生进行互动。例如，在讲解某一知识点的时候，如果学生露出疑问的表情，教师则能够通过视觉模态信息得知学生尚未理解，从而进行深入讲解或换个角度讲解。

（三）大学英语测试评价中应用多模态协同

在高校英语教学对英语“听、说、读、写、译”五项基础能力进行评价的过程中，可以运用基于多模态协同的评价方式。例如，在听力的测试评价中，教师可以预先准备好视听资源让学生在试卷上回答问题，也可以在课堂上进行对话，让学生进行梗概记录，同时调动学生的视觉、听觉系统，并且利用多模态之间的互补性来完成听力测验评价。在翻译的测试评价中，教师可以将笔译与口译的方式结合起来，利用多媒体技术开展同声传译的翻译练习。对于口语的测试评价而言，当前口语的测试方式主要为进行问答与话题交流两种类型，无法充分展现英语表达的多模态，而利用多模态协同能够更加准确地对学生的英语口语水平进行评价。因此，口语测试过程中要表现出语言与伴语言的特点，充分体现语音、语调、符号在口语沟通交流过程中的应用。同时，还要展现非语言的表达，通过表情、手势、动作等与口语沟通相互配合，来对大学生的综合口语水平进行测试评价。

多模态协同下的大学英语课堂教学能够改善当前高校英语教学中学生欠缺学习积极性，课堂教师与学生之间缺乏沟通，学生与学生之间缺乏沟通的现状。在大学英语课堂教学、师生互动以及测试评价中应用多模态协同，能提高高校英语教学的质量。多模态协同在高校英语教学中的应用能够让大学英语课堂变得更加和谐，能够让学生在积极参与课堂学习的过程中强化自主学习能力。

第二节　激励教学法在高校英语教学的应用

一、激励学习法

（一）激励教学法的含义及其特点

激励就是激发和鼓励，是指通过影响人们的内在需求或动机，从而加强、引导和维持行为的活动或过程。激励的本质就是激发人的动机，激励教学法是指教师在教育教学过程中，借助一定的方式和手段，激发学生的学习动机，使其产生一种内在驱动力，诱发其积极参与学习的行为，并朝着期望的目标努力，从而提高课堂效率，促进教学任务顺利完成的过程，即通常所说的调动和发挥学生的积极性、主动性和参与性的过程。

美国心理学家威廉·詹姆斯有句名言：“人性最深刻的原则就是希望别人对自己加以赏识。”他还发现，一个没有受过激励的人仅能发挥其能力的 20%—30%，而当他受到激励后，其能力可以发挥 80%—90%。

（二）激励、动机及英语学习之间的关系

舒曼从神经生物学的角度证明，大脑对所接收到的刺激进行评价，从而引起外语学习者情感上的反应，并将这种刺激评价分为五个方面：刺激的新异性、吸引性、目标/需要意义、可处理潜力及个体社会形象。舒曼认为，语言学习动机的强弱和性质是由这些刺激评价不同方面的排列与组合决定的。

钱伯斯另辟蹊径，从相反的方向探索外语学习者缺乏学习动机的原因。在对英国利兹地区的 191 名失去外语学习动机的九年级学生进行问卷调查后，发现了可能导致

学生失去外语学习动机的10种原因。他认为，这些学生最需要的是对于他们学习成绩的肯定、奖赏及鼓励。换句话说，也就是学生外语学习动机最直接的来源是外语教师对待他们的态度。

由此看来，激励在当今重视个性发展的成功教育中起着不可估量的作用。教师在课堂教学中的角色就像一个导演，既是知识的传授者、课堂教学的组织者、课堂活动的控制者，又要保持和学生平等的身份，是学生交际的合作者，是一堂成功的外语课的创造者，是帮助学生克服心理障碍、放下思想包袱的心理治疗者。

因此，动机、激励与英语学习是相辅相成、密不可分的。激励就是要通过各种有效手段，激发学生的学习动机，从而提高学习成绩。动机与学习成绩之间是典型的相辅相成的关系，较高的动机水平有利于取得较好的学习成绩，而较高的学习成绩也反过来有利于增强动机水平。

二、高校英语教学中运用激励教学法存在的问题

（一）激励教学法被边缘化

在目前的学校教育过程中，教师的工作内容被明确地规定为完成一定工作量的教学任务，因此，许多教师工作的重心在知识传授方面，而不是在学生培养方面。从教育激励的角度来看，多数教师只是在传授知识，而很少激励自己的学生。他们认为学生是否积极主动、富有热情地学习是学生自己的事情，多数教师把学生的学习看成是学生要尽的义务，就如同学生要遵守学校中的规章制度一样，是教师开展教学工作的当然前提，而没有认识到其实这个前提条件是需要教师在学生身上建构的，是教师育人工作的一个重要部分。即使部分教师意识到对学生兴趣的培养是重要的，也不过是把它作为教学的方法而已，没有认识到培养学生对学习的兴趣比知识学习本身更重要。因此，激励教学法与教学相比是被边缘化了。

（二）教师的激励方法片面单调

教师偏重于激励优秀学生与后进学生，忽视一般学生；偏重于知识学习，忽视学生的情感与意志的发展；偏重于激励追求成功，忽视学生的心理健康；偏重于逻辑、语言智力，忽视其他种类的智力；偏重于引导学生遵守纪律，忽视学生的创新、求索；偏重于教师的个人喜好，忽视教育的应有规律与目的。

（三）激励教学法的作用没有得以充分发挥

教师职业的机械性加强了，而育人角色在弱化。教师激励数量的有限、手法的片

面与单调都使激励的效果非常有限。教师只看到学生知识与技能的掌握与否，而对学生的心灵塑造常常无动于衷，学生也常常感到教师是某一学科知识的代表，是知识的传授者，与教师之间缺少深入的心灵上的沟通。学生求学过程中所遇到的教师可能有几十个，但是能在心灵发展过程中留下深刻印象的则不多。教育激励的缺乏常导致学生品质、人格、精神发展的不完善。

三、高校英语教学中有效运用激励教学法的建议

（一）提高运用激励教学法的意识

许多教师认为激励教学法只适用于中小学生，对大学生的效果不明显。事实上，大学生也需要激励。笔者曾尝试着运用了考试激励法，其结果显示良好。研究将学生的期末成绩分为两部分，平时成绩占 30%，期末成绩占 70%。课上通过考核学生对学过的单词和词组的记忆调动学生学习的积极性，结果发现有的学生开始晨读，这种情况前所未有。由此看来，激励教学法同样适用于大学生。

教学活动不论处于哪个环节，都离不开教师的主持、参与和引导，这就要求教师必须具备担当多种角色的综合能力。调查显示，在被问及影响英语学习动机的主要因素时，大多数学生将“教师”列为首位，他们认为英语教师的以下品质有助于激发他们的学习动机：精通英语；认真备课；授课生动有趣；热情幽默，考虑周到；对学生一视同仁；教法灵活，不拘一格；使学生参与到课堂活动中去；使学生充满自信。

因此，教师要从自我作起，努力钻研专业知识，认真备课，提高自身的综合素质。同时，教师要树立激励学生学习动机的意识，在激励理论的指导下，合理正确地运用激励教学法。

（二）有效运用激励教学法时应注意的因素

第一，激发自主性。对于命令，人们有一种天然的抵制心理，自主是人们与生俱来的需求。每个学生都希望有自我选择的自由，而不是被强制参与到自己不喜欢的活动中。因此，教学中教师应还给学生这一权利，使其自主地从事学习活动。《新编大学英语》这套教材就很有助于激发学生的学习自主性，因为这套教材中的每一个单元都有可让学生参与进来的话题。教师在使用这套教材组织课堂教学时，应当留出时间让学生对这些话题进行讨论，从而激发学生的学习自主性。

第二，鼓励自我实现。动机的缺乏很大程度上源于自信的缺乏。经过艰苦奋斗却屡屡失败的学生很难对学习产生兴趣。相反，如果能不时地体验成功，就会对自己的能力充满信心，参与学习活动的热情也就越高。每个学生都有正视自己能力的愿望，

正是这种愿望赋予其克服困难的勇气和持之以恒的精神。让学生体验成功，肯定其学习的潜能，有助于激发学生的内部动机。在高校英语教学中，教师应该合理设置教学目标，让学生体验到“跳一跳就能摘到一颗葡萄”的快乐。如此，不时地体验成功有助于开发学生的学习潜能，从而激发学生的学习动机。

第三，建立平等的评价体系。在英语教学中，当学生尤其是学困生，在课堂上不能与教师配合，甚至文不对题乱说一通时，一句鼓励的话或一个信任的眼神都可以帮助他们端正学习态度。相反，若教师对学生的评价采取“一把尺子”“一刀切”的办法，从一个方面对所有的学生进行等级的划分，就会使一些学生特别是学困生因得不到正确的评价而陷入更加困难的境地。在这种评价体系的支配下，一再失败的学生无法发现自己、激励自己，从而失去了他们发展过程中追求成功的努力和信心。因此，在教学活动中要适应学生的起点，每一个学生都是不同的，对学生的评价应重激励、重发展、重能力。

第四，注重身体语言的应用。恰当地运用身体语言将收到“此时无声胜有声”的效果。教师的一个眼神、一个微笑能给课堂带来亲切、和谐的气氛，使学生迅速产生一种向上的、愉快的求知欲。学生起来回答问题时，教师上身前倾，缩短彼此的距离，两眼平视学生周围一带以示诚意，使学生感觉到教师在关心他的话题，从而回答得更生动、更热情。当学生回答错误或由于紧张、害羞答不上来时，教师以期待、亲切的目光注视学生，面含微笑，轻轻点头以示鼓励，或微微摇头，暗示学生纠错，很快便能消除学生紧张的心理状态。学生成功地表达后，教师给予亲切的鼓励，将会使学生倍加振奋。

（三）掌握英语激励教学法的运用技巧

激励教学法有其自身的特点和思想理论体系。因此，除一般性教学技巧外，还有一系列相对独特的教学技巧。激励教学法的教学技巧很多，比较零散，更具灵活性，更为个性化。英语学习动机的外部激励因素主要包括以下几个方面：教师的素质及能力，学习者的学习成就，学生间的积极竞争，适当的表扬和诱导，良好的课堂氛围，竞赛及考试的过程和结果等。

第一，创造良好的学习环境，唤起学生的英语学习动机，激发学生学习的欲望。教师营造的课堂气氛极大地影响着学生的学习动机和学习态度。良好的英语学习氛围和环境是激发英语学习动机的外部条件。教师应在教学中创设一种使学生感到安全、宽容和有利于学生发展的学习气氛，对每个学生表现出真诚的关注，突出强调学习过程和学习任务的价值，而不要过分关注学习结果，使学生减少焦虑。教师可用英语说几句日常用语或讲一个风趣幽默的故事，以此来唤起学生学习的意识，使其自然地进入英语学习的环境中。这时，教师要有意识地进入“导师”和“助手”的角色，尊重学生的个性，实现民主教学，建立和谐、愉悦的师生情感。

第二，巧设情境，为学生创造成功的机会，给予学生成功的满足。英语学习和其他科目一样，要靠师生的共同努力，所以在英语教学中，不要忽视在课堂中还有这样的一个小群体，他们自觉性差、学习欠主动，又爱面子、怕说错，往往不敢开口。在教学中，笔者抓住这部分学生的心理特点后，决定帮助他们纠正这种不良习惯。首先帮他们养成开口的习惯，再由易而难，逐步增加课堂提问的难度。当他们回答问题有困难时，就为他们搭桥，比如让他们模仿他人练习，如果这部分学生有坐在前面的，就让后面的学生先答，依次向前，轮到他时也就会模仿别人开口了。这种变换形式的教学方法有力地促进了落后生也跟着开口、动脑，使他们自始至终都能全身心地投入学习，不知不觉地提高了他们的学习兴趣，帮助他们迈出走向成功的第一步。

第三，适当开展竞赛，提高学生学习的积极性。竞赛是激发学生学习动机、调动学生学习积极性的有效手段，因为竞赛能唤起学生的优越感和满足学生希望受他人承认、赞扬的心理需求。竞赛的形式可以为自己与过去的竞赛、个人之间的竞赛和集体之间的竞赛等。通过竞赛，学生的好胜心和求知欲更加强烈，学习兴趣和克服困难的毅力会大大加强。多开展小组或班级等集体之间的竞赛，可促使学生互相帮助，为达到共同目标而努力，有助于培养学生的合作精神。

事实证明，在高校英语教学中，注意激励教学方法的运用，不仅可以激发学生的学习兴趣，还可以提高学生的自信心。学生的成功源于学生的信心，学生信心的形成往往源于教师的激励。所以，教师在教学中运用激励性评价有益于学生树立自信心，积极进取，在学习上取得新的成功。

第三节　大学英语多元互动教学模式的应用

在当今全球化的发展背景下，无论是在社会经济、科学技术领域还是在文化教育领域，传统的理念与方式都普遍受到了信息技术革命所引发的冲击。随着信息技术的逐步发展，信息更新与知识迭代的速度不断加快。与之相应的，在大学英语教育教学领域中，大学英语的传统课堂教学模式已经无法完全适应信息时代的环境变化，大学英语课程改革的内在需求逐步凸显，社会对于外语复合型人才的综合语言运用能力也提出了更高的要求，大学英语的课堂教学模式改革势在必行，这也将是当前高等教育发展的重要任务之一。

大学英语课程的课程要求明确了大学英语是以外语教学理论为指导，以英语语言知识与应用技能、跨文化交际和学习策略为主要内容，并集多种教学模式和教学手段为一体的教学体系。课程要求还明确指出：各高等学校应充分利用现代信息技术，采用基于计算机和课堂的英语教学模式，改进以教师讲授为主的单一教学模式，新的教学模式应以现代信息技术特别是网络技术为支撑，使英语教育可以在一定程度上不受时间和地点的限制，朝着个性化和自主学习的方向发展。因此，大学英语的多模态互动教学将是大学英语课堂教学改革的主要方向。多模态互动教学指区别于传统的、单一的、静态的、以教师讲解课本的书面语言为主要内容的、以教师为主体的英语课堂教学模式，是一种综合运用多媒体与网络技术，开展视、听、说等动静结合，电子与书面结合的一种师生互动、生生互动的教学模式。

一、构建大学英语多模态互动教学模式的必要性

第一，多元化的大学英语课堂教学环境的需要。多元化的社会经济文化的发展需要具有高素质、高水准和较强的语言综合运用能力的人才。随着计算机与网络信息技术的日新月异，多媒体教学模式具有传统的书本教学所不具有的开放性、实时性等特征，强大的数据库具有比教师大脑更优越的知识、信息、资源的储备，能更好地模拟语言场景，提供全方位的听、说、读、写、译的训练环境。多媒体教学平台能够充分运用网络资源，给学生提供极其丰富的符合课程背景的学习资源，打破了原有课堂的局限性。语言学习的资源更丰富，获取的方式更便捷，资源的广度与深度则更开放、更自由。同时，语言学习可以较少受到时间、地点、环境的限制，可以单次也可以反复循环多次学习。同时，教师与学生的沟通方式也发生了深刻的变化，不再局限于课堂和办公室，可以是线上、线下相结合，教学交流、作业提交可以通过邮件、QQ或其他聊天软件及相关的教学软件平台来实现。这种立体化的交互方式极大地补充了原有传统课堂教学的不足，为多模态互动教学模式的开展提供了可能。

第二，教师与学生课堂角色重新分配的需要。传统的单纯以教师为中心的教学模式已经无法满足高校英语教学的需要。在大学英语的课堂教学中，知识传授已经不占有主导地位，而学生的自我学习能力的提升和英语实际运用能力的培养则是高校英语教学的重要任务。在这一转变的过程中，教师需要在大学英语课堂教学中充分树立以学生为中心的观念，学生的自我学习能力和英语运用能力培养的模拟环境才得以构建。教师通过设定课堂活动的内容与主题，为学生提供英语交流的实践平台，在这一过程中教师担任着课堂活动的组织者与评估者的角色，通过不断激发学生自主学习的积极性，发挥学生的主观能动性，得以完成以学生为中心的课堂建设。只有充分激发

学生的学习兴趣，唤醒学生的学习意识和独立思维，鼓励学生发展个性，展现自我，发掘潜能，为学生提供全面的充分的课堂实践机会，才能使高校英语教学的课堂摆脱单调和枯燥的局面。兴趣是学习最好的老师，学生无论是被新颖的教学方式吸引还是被独特的教学内容吸引，都会极大地提升教与学的良性互动，有利于学生更好地掌握与吸收所学的知识，并能在兴趣的引导下，主动积极地进行相关的自我探索式的学习，从而有利于培养学生的英语综合运用能力和创新思维能力。

第三，过程式教学评价模式发展的需要。多模态的互动教学模式为对学生进行立体式的多元化的教学评价提供了可能。教学评价是教学活动中非常重要的环节，有助于学生及时了解和掌握自身的学习状况，调整自己的学习进度和学习方式。以往的传统教学模式基本通过纸质的试卷与练习尤其是期中、期末的测试完成教学评价工作，缺点是评价标准单一、滞后，从一定程度上造成了一些学生高分低能现象的存在。大学英语的实际运用能力的培养近年来不断受到社会各界的高度关注与重视，而如何在教学中真正实现对学生语言运用能力的培养和提升是大家普遍关注的问题。课堂的综合性、过程性评价在一定程度上为教师考查与评价学生语言实际运用能力提供了一个平台和一种尺度，能够更为全面、公平、客观、综合地评价学生在整个学习阶段在教学活动中的参与度、与小组其他成员的配合度、课外拓展学习的自觉性和在课堂展示中的实际表现情况，从而真正提高英语实际运用的能力训练在大学英语课堂教学中的地位。

二、大学英语多模态互动教学模式的应用

（一）教学活动设计

教学活动的设计是有效开展多模态互动教学的关键。在多模态互动教学模式中，教师不仅是传统意义上的知识的讲解者，更是整体教学活动的设计者、组织者、评估者，因此，在学期初期教师就应仔细分析教学大纲和教材，明确教学目标，结合教学目标规划并设计该学期的若干教学任务。学期课程开始时，任课教师应就本学期的课程要求、重点任务安排、考核内容及要求、学生小组的分组与安排以及多媒体课件、教学软件平台运用、作业提交、师生线上交流方式等内容与学生进行充分的沟通，使学生了解多媒体互动教学模式的过程化评价特征，强调生生协作与师生互动的交流与学习模式，以便于提高学生对学期课程学习方式的总体把握，自觉提高课程任务的主动参与度。

（二）单元主题导入

大学英语教材内容综合了听、说、读、写、译等各方面的语言要求。因此，在进行多模态互动教学的实践中应结合各单元主题设计有针对性的教学活动，这对于较好地开展大学英语课堂的多模态互动教学具有非常重要的意义。大学英语课程要求中明确了除培养学生的英语综合应用能力、发展学生的自主学习能力外，提高学生的文化素养依然是高校英语教学的一个主要教学目标，高校英语教学的“人文性”特征不可忽视。以教育部推荐的普通高等教育“十五”“十一五”国家级规划教材《全新版大学英语》为例，教材中已包含了大学英语通识教育的内容，对于学生在成长阶段所需要学习和思考的主要议题都有所选取，如“成长、代沟、价值观、男女平等、教育和科学发展”等议题都以单元的形式呈现出来。教师可以在充分利用教材的同时，围绕主题挖掘相关的视、听、说、读的材料，在语言输入环节进行同主题多维度多形式的导入，使学生充分浸润于主题相关的语境。通过教师指导阅读和文本分析，学生熟悉相关的词汇与表达方式，了解有关的信息与不同的见解，激发学生的想象力，为学生提供多维度的思考空间，从而为学生参与讨论并形成自己独立观点做好充分的准备。

（三）小组讨论及活动准备

这一环节以课内与课外相结合的形式展开。教师在主题导入后，结合主题，提出讨论议题，可结合课文内容及拓展材料，要求学生进行阅读、描述、总结、讨论等学习活动。学生以小组为单位，进行分组讨论及活动展示准备。展示的形式多样，可以是小组讨论汇报，可以是个人观点陈述或演讲，可以是课堂组队辩论，也可以是 PPT 的论题阐述及课堂展示。在讨论及课堂展示的准备阶段，教师可就话题预设各种细节性及思辨型议题，引导学生进行多维度的思考，拓展学生的思维空间。教师需要结合课堂活动的展示形式及要求给予学生具体的指导并解答学生的疑问。教师也需要引导学生在小组内部分工的基础上，在课后对相关议题进行资料收集和整理，相互切磋讨论，最终形成综合性报告。

（四）教学活动展示与评价

教学活动展示与评价是判定教学活动设计是否合理及学生能否充分理解并运用所掌握的信息与材料就相关议题形成思辨型独立见解的关键。学生可以进行小组讨论意见的总结、作品的表演、PPT 的展示等，在这一过程中学生及学生小组的综合能力得到了集中的体现。学生通过相互观摩，相互点评，形成良好的生生互动的气氛。在这一环节中，学生是课堂的主体，是课堂活动的主角，教师则更多的是组织者、协调者和评价者。但教师的评价依然非常重要，教师需要凭借长期的教学经验，善于观察并能指出学生在实践中的得失，鼓励并保护学生的参与热情，并有针对性地提出可操作的改良方案。

大学英语多模态互动教学模式的应用尚处于摸索与实验阶段，但这一模式立足于当前网络时代的信息传输技术的快速发展，较好地构建了一个综合课堂内外、教师与学生、视听读写译等要素的立体交互式教学平台与模式，必将深刻影响未来高校英语教学的整体发展。这种模式的开放性、灵活性、互动性是原有的传统教学模式所不能比拟的，但这一模式对大学英语教师提出了比较高的要求。如何从教学主体逐步过渡到教学组织者、设计者与评估者的角色，如何在突出单元主题的过程中提供多维度的有效资源，如何有效促进、督促并保证教学任务呈现的效果，这都极大地考验着教师的经验与智慧。教师在实际操作过程中应通过不断地创新与实践，去发掘适应不同学生的个性化的激励、引导、督促和评价方式。大学英语多模态互动教学模式培养了学生的语言综合运用能力以及协同合作能力和社会交往能力，为培养复合型的英语人才打下了扎实的基础，必将是高校英语教学课堂模式改革发展的主要方向。

第四节　英语新闻输入在高校英语教学中的应用

教育部高等教育司发布的《大学英语课程教学要求》将大学阶段的英语教学要求划分为三个层次：一般要求、较高要求、更高要求。单就阅读理解能力来讲，有三个层次的要求：能借助词典阅读本专业的英语教材和题材熟悉的英文报刊，掌握中心大意，理解主要事实和有关细节；能基本读懂英语国家大众性报刊上一般题材的文章；能阅读国外英语报刊上的文章。2016 年，大学英语四级考试听力部分进行了局部调整，取消了短对话和短文听写，新增了短篇新闻听力。那么在大学英语学习过程中学生的英语新闻输入情况到底怎样？教师如何在高校英语教学中引导学生进行英语新闻的输入呢？

一、英语新闻输入问卷调查数据分析

此次问卷调查主要包括英语新闻阅读习惯、英语新闻阅读目的和效果、英语新闻阅读兴趣、英语新闻阅读途径和来源、英语新闻输入的必要性、英语新闻阅读障碍和需要的帮助等方面。调查对象为西北大学现代学院 2016 级财务管理专业两个班的学生。此次调查共收回问卷 110 份，有效问卷为 110 份，有效率为 100%。问卷共设计了 12

道题目，其中包括11道选择题和1道问答题。

英语新闻阅读习惯："你有阅读英语新闻的习惯吗？"调查结果显示有阅读英语新闻习惯的有26人，没有阅读英语新闻习惯的有84人，分别占被调查者的24%和76%。由此可见，学生的英语新闻阅读习惯还需要加强。

英语新闻阅读目的和效果："你阅读英语新闻的目的是什么？"调查数据表明学生阅读英语新闻的目的具有多样性，选择了解时事新闻、扩大词汇量、了解不同文化提高跨文化交际能力、完成课堂活动、为四级英语听力考试做准备的分别有49人、58人、52人、54人和60人。有55%的学生阅读英语新闻是为四级英语听力考试做准备。对于"阅读英语新闻对你有哪方面的帮助"这一问题，认为只有助于了解时事新闻、扩大词汇量、了解不同文化提高跨文化交际能力、提高四级英语听力水平的分别有4人、6人、2人和2人，其他学生认为通过阅读英语新闻得到的帮助是多方面的，如认为扩大词汇量的有86人，认为提高四级英语听力水平的有63人。

英语新闻阅读兴趣："你对哪方面的英语新闻感兴趣？"其中对政治、体育、娱乐新闻感兴趣的分别有1人、1人和6人。对于"在本学期的英语新闻输入活动中，你选择了哪方面的新闻报道"这一问题，据了解，学生选择的话题涵盖了各个领域，涉及政治、经济、文化、科技、体育、娱乐等。网络的普及和智能手机的应用使学生获取各个方面的新闻信息成为可能。

英语新闻阅读途径和来源："你主要通过哪些途径阅读英语新闻？"问卷结果显示有107名学生选择网络这一方式阅读英语新闻，占被调查者的97%。对于"你经常阅读的有哪些英文报刊和网站"这一问题，有60名学生选择《中国日报》，占被调查者的55%，这与课堂活动中学生获取英语新闻的来源是一致的。

英语新闻输入的必要性："你觉得高校英语教学中英语新闻输入有必要吗？"有106名学生认为有必要，占被调查者的96%。对于"你觉得英语新闻输入对你有哪方面的帮助"这一问题，认为只有助于了解时事新闻、扩大词汇量、了解不同文化提高跨文化交际能力、培养阅读习惯、为四级英语听力考试做准备的分别是1人、2人、1人、1人和2人，其他学生都认为英语新闻输入可以为他们提供多方面的帮助。如了解时事新闻的有66人，扩大词汇量的有77人，了解不同文化提高跨文化交际能力的有65人，培养阅读习惯的有56人，为四级英语听力考试做准备的有54人。

英语新闻阅读障碍和需要的帮助："在阅读英语新闻时，你遇到了哪些障碍？"调查数据表明学生在词汇、文化背景、新闻特点等方面都存在不同程度的问题，其中有103名学生认为在词汇方面有困难，有文化背景障碍的为57人，还有27人认为由于对新闻特点不太了解而造成阅读英语新闻时的障碍。对于“在提高英语新闻阅读能力方面,你还需要哪些方面的努力?”这一问题,认为需要扩大词汇量的有 103 人,了解文化背景的有 64 人,了解英语新闻特点的有 60 人。

对于“在提高英语新闻阅读能力方面,你还需要什么样的帮助?”这一问题,根据调查数据统计,65% 的学生认为需要多方面的帮助,如教师的辅导、资料的获取、阅读环境的创设等,其中有 78 人认为需要创设阅读环境,74 人认为需提供资料的获取途径,47 人认为教师的辅导很重要。

二、英语新闻输入在高校英语教学中的应用

根据调查结果分析及《大学英语课程教学要求》,在高校英语教学中进行英语新闻输入是十分有必要的。首先,96% 的学生认为在高校英语教学中十分有必要进行英语新闻输入;阅读英语新闻有助于学生了解时事新闻、扩大词汇量、了解不同文化提高跨文化交际能力、提高四级英语听力水平等。其次,学生在阅读英语新闻时会遇到不同的障碍并需要相应的帮助,教师在高校英语教学中对英语新闻特点等进行相应的讲解有助于学生更好地理解新闻内容,进而培养学生阅读英语新闻的习惯。最后,新闻涵盖各个方面,如政治、经济、军事、科技、体育、娱乐等,阅读英语新闻既能满足学生的不同需求和兴趣,又能拓宽学生的视野,提高学生的跨文化交际能力。

由调查数据可知,76% 的学生没有阅读英语新闻的习惯,所以在大学英语课堂教学中增加英语新闻输入可使学生由最初的“被动”阅读转变为“主动”阅读,进而营造班级良好的英语新闻阅读氛围。在高校英语教学中,教师和学生可将自己感兴趣或热议的新闻话题分享给班级同学进行讨论,教师应根据课程内容安排学生阅读相关英语新闻并进行总结和阐述。这一活动不仅能够活跃课堂气氛,还能够增强学生阅读英语新闻的意识,并加强英语新闻的输入。

在进行英语新闻阅读时,学生会遇到不同的障碍,尤其是英语新闻词汇的特点给学生造成了很大的困扰,这就需要教师及时给予指导和帮助。

以《英语报刊阅读》中的一篇新闻报道部分句子为例,其中,使用借喻修辞手法的有“White House officials dismissed the notion of any campaign to discredit Greenspan”“White House”指代的是布什政府;使用首字母缩略词的有“But another GOP panelmember, Jim Bunning of Kentucky, has been sharply critical of Greenspan for some time and recently complained to him...”“GOP(Grand Old Party)”指大老党,美国共和党的别称。使用简缩词的有“The Fed chairman said future tax cuts should be paid for, either by spending cuts or tax increases.”“Fed(Federal Reserve)”指美联储;“The committee's

Republican chairman, Sen.Richard Shelby of Alabama, told Greenspan…”“Sen.(senator)”指参议员。

为了提高学生阅读英语新闻的能力，使其更好地理解报道内容，教师对英语新闻标题的语法特征进行讲解也有一定的必要性。以《中国日报》中某些新闻标题为例，在时态的使用上：英语新闻标题中一般现在时的使用给读者一种“及时性”的感觉，如 Xi, Trump exchange views on China-US cooperation; Shenzhou XI return capsule touches down。在分词的使用上：动词现在分词的使用表示正在进行的动作，如 BYD buses making Liver pool greener; Returned pand as adapting to new Sichuan home；动词过去分词的使用表示被动语态，如 Long March anniversary marked with album of generals' portraits; Trapped Chinese tourists safely evacuated from quake-hit area in New Zealand；动词不定式的使用表示将来，如 Chang’e 5 lunar probe to land on moon and return in 2017; Thailand to cut visa fee for tourists from 18 countries。

对英语新闻结构的了解有助于学生在阅读时把握重点，分清主次。倒金字塔结构是英语新闻写作中常用的一种结构，即按照重要性递减的顺序组织新闻内容。以《中国日报》中的一篇报道为例：Xi vows non-stop effort in reform, opening up。在新闻的第一段，即导语部分就说明了人物、时间、事件等关键信息：Chinese President Xi Jinping on Wednesday promised non-stop effort in reform and opening up and commitment to an open economy。了解新闻结构的特点有助于学生理解整篇报道的内容，能够提高学生阅读英语新闻的自信心和效率。

《大学英语课程教学要求》对学生阅读英语新闻能力做了相关的规定，而问卷调查却发现大部分同学没有阅读英语新闻的习惯。那么在高校英语教学中进行英语新闻输入就成为培养学生阅读习惯的关键组成部分。网络及智能手机的广泛应用使学生能够更方便地获取英语新闻材料，如人民网、新华网、国际在线、美国有线电视新闻网络、《中国日报》、VOA 英语听力、流利阅读等；学校也可在图书馆报刊阅览室提供纸质的英语新闻资料供学生阅读。通过课堂活动及教师的指导，相信学生能够克服障碍进行英语新闻阅读，并形成良好的阅读习惯。虽然问卷调查在广度和深度上仍有待提升，但却在一定程度上反映了独立学院非英语专业学生阅读英语新闻的情况，并对高校英语教学有一定的启示。

第五节 启发式教学在高校英语教学中的应用

当今社会对大学生外语水平的要求越来越高，因此教师应该采用启发式教学法，让学生重拾英语学习的热情，提高学生的综合能力。本节列举了一些启发式教学法在高校英语教学中的应用，阐述了启发式教学法在高校英语教学中的意义。

当今社会对大学生英语水平的要求越来越高，大学英语应该注重全面提升学生的英语综合运用能力，增强学生的人文素养，能够适应时代的发展，培养具有国际视野的人才，从而实现工具性和人文性的统一。然而当今很多大学生都将大学英语"边缘化"，依旧认为只有学好那些理工科的课程才是硬道理，他们往往不会花时间去学习英语，所以他们的英语语言使用能力较弱，流利性不够，思维缺乏深度，因此，大学英语教师应该有针对性地提高学生的综合能力，培养他们的学习兴趣。

一、启发式教学法的内涵

启发式教学法指的并不是一种单纯的教学方法，而是一种教学理念和思想。教育部对于启发式教学的定义为：启发式教学发挥作用的手段是任课教师根据教学基本的内在规律在教学过程中持续有效地激发学生学习新知识的欲望，目的是使学生的思维活动一直处于主动的状态。布鲁纳认为，学习者不是被动地去接受知识，而应该主动地获取知识。因此大学英语教师应该充分认识到每个学生的重要性，尊重学生，了解学生的心理，努力去营造一个轻松和谐的学习氛围。

二、启发式教学法的应用

（一）创设情境

教师在导入课文的时候，可把学生带入到课文中的情境中去，也可以在讲授的过程之中，根据文章创设情境，使得学生能够更好地理解作者的意图。

例如，在讲授新视野大学英语（第三版）第二册第七单元的 Text A When honesty disappears 时，笔者就运用了这种方法启发学生思考。在导入过程中，笔者给学生展示了几张情境图片，第一张是两件夹克衫，并向学生提问："If your friend has bought a jacket which you think is very ugly, and he asks you about your opinion, what will you say? Will you say directly that it is ugly? Or will you say that it looks just so-so? Or..." 第二张图片的情境是"如果学生没有按时完成作业，他们会怎么做？"通过创设与学生

生活息息相关的情境，启发学生思考自己身边的诚信现象，反思当今社会的诚信问题，从而使学生能够对本节的内容产生更大的共鸣，不仅提高学生学习本节课的兴趣，还能够让他们对文章有更深刻的理解。

再比如，在讲授新视野大学英语（第三版）第四册第一单元的 Love and logic 时，当讲到两个人第一次约会的情形的时候，暂时先放下课文的内容，向学生提问："If you date a girl for the first time, what will you do and what will you say?"启发学生带入情景，想象如果自己是叙述者会怎样做，然后再与作者的行为做对比，从而引导学生分析出作者的内心状态。

在使用启发式教学法给学生创设情境的时候，教师需要充分了解学生，了解他们的心理和生活状态，然后创造合适的情境，使他们能够真切地进入情境之中，从而启发他们认真深入地思考问题，对所学内容有更深刻的理解，跳出课本的圈圈，有自己的观点和想法。

（二）激发兴趣

平庸的老师讲授知识，好的老师会给学生解释知识，优秀的老师会给学生演示知识，而真正伟大的老师则会激发学生的学习兴趣，启迪学生自主学习。兴趣永远是学生最好的老师。没有兴趣的学习，只能是机械的考试工具，而且很容易学过后就忘记了，难以产生长期的效果，因此教师需要激发学生的学习兴趣，使他们从被动地接受知识变成真正地想要去学习，提高他们探索未知的能力。在教学过程中，教师可以利用学生的求知欲，在讲课过程中设置难度适当的悬念，启发学生主动去探索知识，可以利用学生对新鲜事物的好奇，设置趣味性问题，启发学生主动去获取知识。

比如，在讲授新视野大学英语（第三版）第二册第三单元 The Odyssey Years 时，先给学生播放奥德赛的视频，让学生了解奥德赛的内容，启发学生根据奥德赛的内容来思考："'奥德赛岁月'应该是一段什么样的岁月？"从而引导学生自己探索文章，理解"奥德赛岁月"的内涵。这样不仅能使学生自发地去学习文章中出现的生词和短语，提高自己的词汇量，而且能使学生对于"奥德赛岁月"有更深刻的理解，这样在他们今后遭遇到"奥德赛岁月"的时候，能够认清现实，更好地看出事情的本质，找到自己应该做的事情，不至于迷失自我。

教师通过激发学生的学习兴趣，能够调动学生主动学习的内在动力，提高学生的学习能力，同时也能够启发学生的思维，加深学生的印象，使所学的知识让学生能够受益终身。

（三）讨论启发

所谓的讨论启发，就是在教学过程中，将学生分组，设置一定的开放性问题，引导学生在组内大胆表达自己的想法，碰撞彼此的思想，分享经验，相互交流，积极地参与到课堂中。

例如，在讲授新视野大学英语（第三版）第四册第一单元 Love and logic：the Story of a Fallacy 时，对于 fallacy（谬论）的探讨这一部分，笔者首先根据 fallacy 的定义，给学生解释什么是谬误，然后举出两个生活中常见的谬误的例子，之后将学生分组，每组四五个人，让学生在组内讨论，举出更多的生活中出现的谬论，最后每组派出一个代表给大家做汇报，全程用英文进行。在学生进行讨论的时候，笔者会在学生中间走动，适时提供一些帮助。最后在讨论法的启发下，学生之间彼此交流，思想相互碰撞，研讨出很多很棒的例子。对于学生出现的一些语法错误以及生词，笔者也进行了改正，这一过程中，学生不仅提高了自己的英语表达能力，而且更加清楚了 fallacy 的含义，并且能够在今后的生活中去发现通常被人们忽视的谬论，更加理性地去看待事物。

通过讨论法启发学生学习，教师需要将学生要讨论的内容说清楚，讲明白，使学生带着明确的目的相互讨论，在讨论过程中，教师不仅要确保学生是在用英文讨论，还要给予相应的启发和帮助，扫清他们基本的语言障碍。讨论法的使用充分发挥了学生的主体作用，弱化了“教与学”的上下级关系，学生通过交流互相促进，不仅有助于构建一个活泼和谐的课堂气氛，还能够提高学生学习的动力，使他们能够自然地掌握知识和能力，将所学到的东西内化于心。

（四）开放式作业

课后练习是教学过程中的一个重要环节，学生需要在课后花费一定的时间和精力去巩固知识，去拓展知识面。启发式教学要求教师不应拘泥于传统的教学方式，课后让学生背单词、做题，而是应该采取更多样的方式，让学生对课后作业不那么反感。教师可布置一些合作式作业以及实践性较强的作业，让学生去完成，避免学生认为学英语就是机械地记忆。

例如，新视野大学英语（第三版）第二册第一单元“难忘的一课”一文主要表达的是学生学不好英语的原因不仅仅在于学生自身，更在于他所处的环境以及教师的教学方法等，文中列举了一些日常生活中出现的简单低级的单词错误、语法错误等。针对这一点，教师可让学生在课后自己搜集生活中常见的一些翻译错误，这样不仅能提高学生的英语水平，还能够培养学生注意观察生活的习惯，成为一个细心的人。或者，第二册第四单元 College sweetheart 一文主要讲述的是作者在大学时期甜蜜的爱情故事。

笔者在布置课后作业的时候就让学生以小组为单位，每组自编自演一个十分钟左右的英文爱情短剧，让每个学生都参与到创作过程中去，收到了很好的教学反响。

又如，在新视野大学英语（第三版）第一册第六单元 To work or not to work 一文中，作者列举了当今美国大学生对于在读书期间是否选择兼职工作这一问题上的选择及其原因，简单分析了美国大学生的生活现状。根据这一内容，笔者启发自己的学生就这一话题分组在课下采用问卷等方式对自己身边的中国大学生进行调研，并形成一个系统的调查报告。虽然最后学生做出来的报告相对粗糙，但这也在一定程度上提高了他们的学术思维能力。

三、启发式教学的意义

启发式教学打破了传统教学中单纯的“教与学”的模式，教师不再是课堂上的“独唱者”，而是形成了以学生为主体的教学模式。启发式教学法能够让学生产生对英语的学习兴趣，从而促进学生主动获取知识的欲望。此外，启发式教学法还能够提高学生自主学习的能力、创新能力以及科研学术能力，培养学生的批判性思维。

参考文献

[1] 张学新．对分课堂：大学课堂教学改革的新探索 [J]．复旦教育论坛，2014，12（5）：5-10．

[2] 汪军，严晓球．近十年来国内大学英语大班教学研究综述 [J]．教育学术月刊，2011（11）：105-106．

[3] 杨淑萍，王德伟，张丽杰．对分课堂教学模式及其师生角色分析 [J]．辽宁师范大学学报（社会科学版），2015（5）：653-658．

[4] 张博雅．对分课堂：大学英语课堂教学改革的新思路 [J]．科学与财富，2015（34）：397．

[5] 柴霞．基于"对分课堂"的大学英语教学实践与反思 [J]．佳木斯职业学院学报，2016（6）：310．

[6] 谷陟云．罗杰斯的人本主义教育观及其启示 [J]．现代教育科学（普教研究），2009（5）：76-78．

[7] 陈爱梅．人本主义学习理论及其对外语教学的启示 [J]．辽宁师范大学学报（社会科学版），2003（2）:28-30．

[8] 王健芳．外语教学改革的探索与实践 [M]．南京：南京大学出版社，2016．

[9] 孙立伟，韩霞．对数字化教学资源建设的思考 [J]．新西部（下半月），2007（10）：276．

[10] 杜振华．英语资源服务器及网络语音室的安全管理与实践 [J]．中国科教创新导刊，2008（17）．

[11] 李建萍．分级教学背景下大学生英语词汇学习策略的调查与分析 [J]．黄山学院学报，2009（4）：100-103．

[12] 汤闻励．非英语专业大学生英语学习"动机缺失"研究分析 [J]．外语教学，2012（1）：70-75．

[13] 李艳，韩文静．孔子因材施教的教育思想简述 [J]．吉林省教育学院学报，2008（4）：79．

[14] 刘英爽．国际化背景下大学英语跨文化教育的瓶颈与转型趋势 [J]．教育评论，

2016（7）：115-117.

[15] 王汉英，胡艳红，徐锦芬. 美国康奈尔大学外语教学观察与思考 [J]. 教育评论，2015（7）：163-167.

[16] 秦秀白，张凤春. 综合教程 3（学生用书）[M]. 上海：上海外语教育出版社，2012.

[17] 王允庆，孙宏安. 高效提问 [M]. 北京：高等教育出版社，2016.

[18] 赵周，李真，丘恩华. 提问力 [M]. 北京：电子工业出版社，2018.

[19] 陈帅. 大学英语修辞教学探析 [J]. 湖北经济学院学报（人文社会科学版），2013（9）：203-204.

[20] 王涛. 大学英语教学中英语修辞格的赏析 [J]. 英语广场（学术研究），2013（10）：97-99.

[21] 夏俊萍. 浅析大学英语教学中学生修辞鉴赏能力的培养 [J]. 吉林工程技术师范学院学报，2014（10）：68-70.

[22] 张红. 浅谈英语教学中常见的修辞 [J]. 教师，2015（31）：70-71.